쓰면 바로 외워지는 기적의

일본어
펜맨십

일본어 펜맨십

편 저	넥서스컨텐츠개발팀
일러스트	김학수
펴 낸 이	안용백
펴 낸 곳	넥서스JAPANESE

초판 1쇄 발행 2004년 6월 15일
초판 2쇄 발행 2006년 3월 15일

2판 1쇄 인쇄 2008년 3월 1일
2판 1쇄 발행 2008년 3월 5일

출판신고 2004년 8월 17일 제313-2005-000005호
121-840 서울시 마포구 서교동 394-2
Tel:(02)330-5500 / Fax:(02)330-5555

ISBN 978-89-6160-009-5   13730

가격은 뒤표지에 있습니다.
잘못 만들어진 책은 구입한 곳에서 바꾸어 드립니다.

www.nexusbook.com

넥서스 JAPANESE

| 머리말 |

일본어 문자에는 히라가나, 가타카나, 한자 이렇게 세 가지가 있습니다.
현대 문자를 대표하는 문자는 히라가나인데 이는 한자의 초서체를 바탕으로 만들어진 글자입니다. 만들어진 시기는 대략 9세기말이나 10세기경으로 추정되며 총 50개의 글자로 이루어져 있어서 50음도라고 하는데 현재는 46개만 사용하고 있습니다.
가타카나는 한자 일부의 획을 차용해서 만들어진 것으로서 히라가나와 표기만 다를 뿐 발음은 동일합니다. 이 가타카나에는 외래어나 의성어, 의태어의 일부, 또는 어떤 부분을 강조하고 싶을 때나 전보문 등에서 쓰입니다.

오십음도표에서 보면 5개의 단(段)과 10개의 행(行)을 배열해 놓은 것에서 일본어를 50음도라고 하는 것입니다. 행의 순서만 외우면 단은 규칙적이니까 금방 외울 수 있습니다. 행을 외우는 방법은,
아(あ) 까(か) 샀(さ) 다(た), 나(な) 하(は) 마(ま) 야(や) 라(ら) 와(わ) 응(ん)!
하나 더! 탁음, 반탁음은 모두 5행인데 외우는 방법은,
가(が) 자(ざ) 다(だ) 바(ば) 빠(ぱ)
이런 식으로 머리만 따서 외우면 나머지는 기억하기 쉽습니다.

일본어를 처음 공부하시는 분들에게 요상하게 생긴 글자는 참으로 낯설고 어렵게 느껴질 것입니다. 일본어를 한번 해보겠다고 혼자 끙끙거리며 무작정 글자를 쓰고 외워보지만 좀처럼 쉽게 기억되지 않지요. 무작정 외우기보다는 단어를 통해 차근차근 익혀보십시오. 글자 자체를 외우는 것보다 더 쉽게 외워질 것입니다.

이 책에서는 일본어 글자를 우리가 일상생활 속에서 많이 들었던 일본어 단어나 재미있는 연상법을 통해 기억시켜 드립니다.

자, 그럼 한 글자씩 차근차근 배워보겠습니다.

히라가나(ひらがな)

• 청음

	あ행	か행	さ행	た행	な행	は행	ま행	や행	ら행	わ행	
あ단	あ a	か ka	さ sa	た ta	な na	は ha	ま ma	や ya	ら ra	わ wa	ん N
い단	い i	き ki	し shi	ち chi	に ni	ひ hi	み mi		り ri		
う단	う u	く ku	す su	つ tsu	ぬ nu	ふ fu	む mu	ゆ yu	る ru		
え단	え e	け ke	せ se	て te	ね ne	へ he	め me		れ re		
お단	お o	こ ko	そ so	と to	の no	ほ ho	も mo	よ yo	ろ ro	を o	

• 탁음

が ga	ざ za	だ da	ば ba
ぎ gi	じ zi	ぢ zi	び bi
ぐ gu	ず zu	づ zu	ぶ bu
げ ge	ぜ ze	で de	べ be
ご go	ぞ zo	ど do	ぼ bo

• 반탁음

ぱ pa
ぴ pi
ぷ pu
ぺ pe
ぽ po

• 요음

きゃ kya	しゃ sha	ちゃ cha	にゃ nya	ひゃ hya	みゃ mya	りゃ rya	ぎゃ gya	じゃ ja	びゃ bya	ぴゃ pya
きゅ kyu	しゅ shu	ちゅ chu	にゅ nyu	ひゅ hyu	みゅ myu	りゅ ryu	ぎゅ gyu	じゅ ju	びゅ byu	ぴゅ pyu
きょ kyo	しょ sho	ちょ cho	にょ nyo	ひょ hyo	みょ myo	りょ ryo	ぎょ gyo	じょ jo	びょ byo	ぴょ pyo

가타카나 (カタカナ)

• 청음

	ア행	カ행	サ행	タ행	ナ행	ハ행	マ행	ヤ행	ラ행	ワ행	
ア단	ア a	カ ka	サ sa	タ ta	ナ na	ハ ha	マ ma	ヤ ya	ラ ra	ワ wa	ン N
イ단	イ i	キ ki	シ shi	チ chi	ニ ni	ヒ hi	ミ mi		リ ri		
ウ단	ウ u	ク ku	ス su	ツ tsu	ヌ nu	フ fu	ム mu	ユ yu	ル ru		
エ단	エ e	ケ ke	セ se	テ te	ネ ne	ヘ he	メ me		レ re		
オ단	オ o	コ ko	ソ so	ト to	ノ no	ホ ho	モ mo	ヨ yo	ロ ro	ヲ o	

• 탁음

ガ ga	ザ za	ダ da	バ ba
ギ gi	ジ zi	ヂ zi	ビ bi
グ gu	ズ zu	ヅ zu	ブ bu
ゲ ge	ゼ ze	デ de	ベ be
ゴ go	ゾ zo	ド do	ボ bo

• 반탁음

パ pa
ピ pi
プ pu
ペ pe
ポ po

• 요음

キャ kya	シャ sha	チャ cha	ニャ nya	ヒャ hya	ミャ mya	リャ rya	ギャ gya	ジャ ja	ビャ bya	ピャ pya
キュ kyu	シュ shu	チュ chu	ニュ nyu	ヒュ hyu	ミュ myu	リュ ryu	ギュ gyu	ジュ ju	ビュ byu	ピュ pyu
キョ kyo	ショ sho	チョ cho	ニョ nyo	ヒョ hyo	ミョ myo	リョ ryo	ギョ gyo	ジョ jo	ビョ byo	ピョ pyo

| 차례 |

005 머리말

009 히라가나 ひらがな
    청음(清音) | 010
    탁음(濁音) | 050
    반탁음(半濁音) | 062
    요음(拗音) | 065

083 가타카나 カタカナ
    청음(清音) | 084
    탁음(濁音) | 114
    반탁음(半濁音) | 136
    요음(拗音) | 139

ひらがな

| 히라가나 | 청음 | 탁음 | 반탁음 | 요음 |

ひらがな 청음
행

[　　　　년　　월　　일]

 듣기

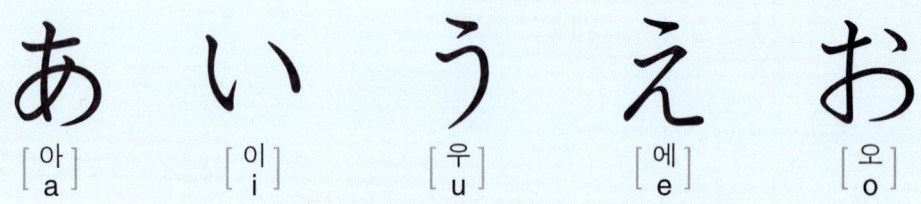

청음이란 50음도에 나오는 각 음절의 가나에 탁점이나 반탁점을 붙이지 않는 글자로 ん 을 제외한 모든 음을 말합니다.

일본어의 기본 모음으로 우리말의 모음인 [아], [이], [우], [에], [오]보다 입을 약간 작게 벌려서 발음합니다. う 는 우리말의 [우]에 가깝지만 입술을 쭈욱 내밀지 말고 약간만 내밀어 부드럽게 발음하면 됩니다.

참, 일본 사람은 [오]와 [어], [우]와 [으]를 구별 못한다고 하는데, 그 이유는 바로 일본어의 모음이 5개 밖에 없기 때문이죠. 반대로 우리는 못하는 발음이 하나도 없죠?

그림과 함께 읽기

 あい(愛) [아이]
사랑

'사랑' 은 [아이]라고 해요. 사랑은 너무 좋잖아요. 그러니까 '아이 좋아' 라고 외우면 쉽겠죠? [아이]와 비슷한 뜻으로 [코이] (恋 : こい)도 있답니다. 사랑에 빠지다는 恋(こい)に おちる [코이니 오치루]라고 합니다.

 いぬ(犬) 〔이누〕
개

'개'를 〔이누〕라고 한다면, '강아지'는 뭐라고 할까요? 한자로는 犬(견) 앞에 子(자)를 붙여서 子犬(자견)이라고 쓰며, 〔코이누〕라고 읽습니다.

 うえ(上) 〔우에〕
위

'위'를 뜻하는 말이 바로 〔우에〕인데요, 우리말의 '위에'와 발음이 비슷하죠? '위에'는 〔우에〕, 정말 기억하기 쉽네요. 참고로, 〔우에〕의 반대말인 '아래'를 뜻하는 말은 した 즉, 〔시타〕입니다.

 えき(駅) 〔에키〕
역

기차를 타는 서울역이든, 지하철을 타는 강남역이든 모든 '역'을 가리키는 말이 바로 〔에키〕랍니다. 우리말의 '역'과 발음이 비슷하다고 해서 〔예키〕라고 하면 안되겠죠?

 おや(親) 〔오야〕
부모

조폭 영화에 늘 등장하는 '오야붕'이라는 단어, 들어 본 적 있죠? 영어의 boss와 같은 뜻의 속어죠. 여기에 쓰인 〔오야〕가 바로 '부모'를 뜻하는 말입니다.

획순 따라서 쓰기

あ	一	ナ	あ	あ		
い	い	い				
う	う	う				
え	フ	え	え			
お	一	ナ	お	お		

あい					
いぬ					
うえ					
えき					
おや					

ひらがな 청음 あ

퀴즈퀴즈

앞에서 배운 あ행의 어휘를 복습해 볼까요?
보기와 같이 우리말을 읽고, 해당하는 일본어 어휘가 만들어지도록 선으로 연결해 보세요.

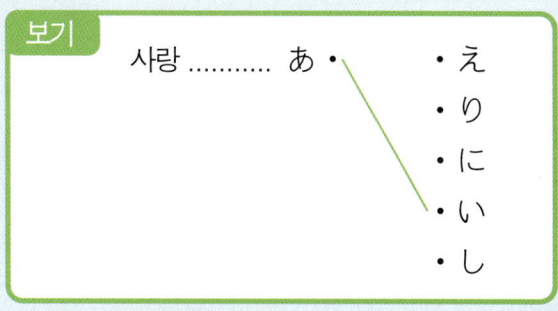

1. 부모 ………… お・
   - (1) あ
   - (2) さ
   - (3) や
   - (4) か
   - (5) た

2. 위 ………… う・
   - (1) け
   - (2) え
   - (3) せ
   - (4) め
   - (5) て

3. 개 ………… い・
   - (1) ぬ
   - (2) む
   - (3) す
   - (4) う
   - (5) む

4. 역 ………… え・
   - (1) し
   - (2) み
   - (3) ち
   - (4) み
   - (5) き

해답　　　　　　　　　　　　　　1. (3)　2. (2)　3. (1)　4. (5)

ひらがな 청음

[년 월 일]

듣기

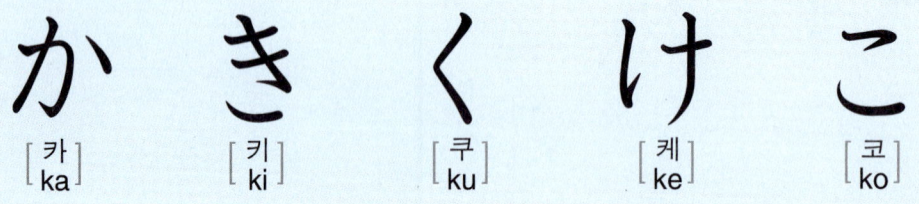

[가]행의 자음은 우리말의 [ㄱ]과 [ㅋ]의 중간음으로 발음하면 됩니다. [가]행이 어중이나 어말에 올 때는 우리말의 ㄲ과 ㅋ의 중간쯤이 되는 소리라고 하는데 단어의 가장 앞에 올 때에는 ㅋ, 단어 중간에 올 때에는 ㄲ에 가깝다고 할 수 있어요. 예를 들면, から(카라 : 거짓), くち(쿠찌 : 입)처럼 말이죠. [く]는 [크]와 [쿠]의 중간음으로 [크]와 [우]를 연이어 짧게 발음하면 됩니다.

나중에 배우는 탁음(が, ぎ, ぐ, げ, ご)과 헷갈리지 않도록 주의합시다. 특히 단어 맨 앞에 나오는 경우에 확실히 [k] 발음을 낼 수 있도록 주의하셔야 합니다.

그림과 함께 읽기

 から (空) [카라]
빔, 허공, 거짓

이 그림에서의 '카라'는 일본어로 から 즉, '거짓'이란 뜻이에요. 참, '카라오케'란 단어, 물론 아시겠죠? 이 단어도 から(거짓)와 オケ(오케스트라의 줄임말)가 합쳐져서 만들어진 단어입니다.

 きもち(気持ち) [키모치]
마음, 기분, 감정

이 단어는 자신의 기분이나 감정을 나타낼 때 많이 쓴답니다. [키모치]와 같은 뜻으로 きぶん이란 단어도 있어요. 한자로는 気分(기분)이구요, 발음도 [키분]이라고 하니까 우리말과 거의 똑같아요.

 くち(口) [쿠치]
입

명품 구찌가 아닙니다. 순수한 신체의 일부인 '입'을 뜻하는 말이에요. 그림 속의 '쿠치베니'는 口紅(구홍)이라는 한자를 써서 '립스틱'을 뜻해요. 립스틱은 보통 붉은 색이 많기 때문에 '입에 바르는 붉은 것'이란 뜻으로 口紅(구홍)이 된 것입니다.

 けしき(景色) [케시키]
경치, 풍경

이 놈의 케시키? 절대 욕이 아닙니다. [케시키]는 '경치'나 '풍경'을 뜻하는 말이에요. 좋은 경치를 보고 '참 경치가 좋다!'는 표현을 하고 싶다면, '좋다'라는 뜻의 형용사인 いい를 써서 けしきが いい [케시키가 이-]라고 하면 됩니다.

 こいびと(恋人) [코이비토]
연인

일본어에서는 '애인'을 恋人(연인)이라는 한자를 써서 말하며, 발음은 [코이비토]라고 합니다. 우리가 사용하는 愛人(애인)이란 단어는 일본어에서는 '정부'(남녀간에 몰래 정을 통하며 사귀는 부적절한 관계의 이성)를 가리키죠. 한자는 똑같구요, 발음은 [아이진]이라고 합니다.

획순 따라서 쓰기

か	つ	カ	か		
き	一	二	き	き	
く	ノ	く			
け	l	に	け		
こ	⌐	こ			

から				
きもち				
くち				
けしき				
こいびと				

ひらがな 청음 か

퀴즈퀴즈

앞에서 배운 か행의 어휘를 복습해 볼까요?
보기와 같이 우리말을 읽고, 해당하는 일본어 어휘를 찾아서 번호를 써 보세요.

보기
역 .... 〔 3 〕
(1)あき　　(2)いき　　(3)えき　　(4)おき

1. 경치, 풍경 .... 〔　　〕
　(1)かしき　　(2)けしき　　(3)こしき　　(4)くしき

2. 입 .... 〔　　〕
　(1)けち　　(2)かち　　(3)くち　　(4)こち

3. 거짓 .... 〔　　〕
　(1)こら　　(2)きら　　(3)くら　　(4)から

4. 연인 .... 〔　　〕
　(1)きいびと　　(2)かいびと　　(3)こいびと　　(4)けいびと

5. 기분 .... 〔　　〕
　(1)こもち　　(2)きもち　　(3)けもち　　(4)かもち

해답　　1. (2)　2. (3)　3. (4)　4. (3)　5. (2)

ひらがな 청음 か　17

ひらがな 청음 さ행

[년   월   일]

  듣기

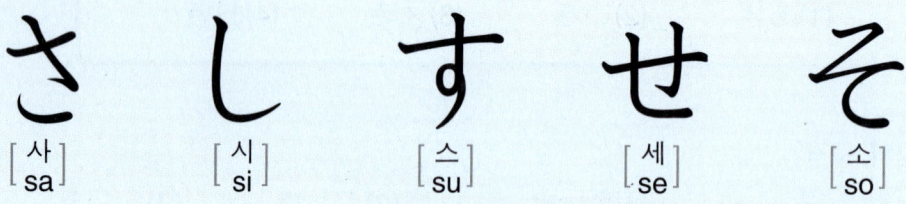

さ행은 우리말의 [ㅅ]과 영어의 [s]와 비슷합니다. 혀 끝을 아랫니의 뒤쪽 부분에 대고, 혀 끝과 윗니 뒷쪽과의 사이에 생기는 틈 사이로 숨을 내밀어 발음합니다.

우선 し는 shi라고도 표기하지만 [쉬]처럼 발음하지 말고 영어의 [s]보다 입술을 길게 하여 혀의 앞쪽을 사용하여 [시]로 발음하세요.

그리고 す도 우리말의 [수]와 달리 약간 숨을 들이마시면서 발음하기 때문에 [스]에 가깝다고 할 수 있습니다. [스]와 [우]를 연이어 짧게 발음하세요.

  그림과 함께 읽기

 さくら(桜) [사쿠라]
벚꽃, 벚나무

사쿠라란 말, 많이 들어 보셨죠? 우리나라의 무궁화처럼 사쿠라는 일본의 국화랍니다. 우리말로는 '벚꽃'이라고 하구요. 해마다 4월이 되면 여기저기 벚꽃놀이를 즐기러 가는 것이 하나의 볼거리 겸 문화축제처럼 자리를 잡고 있습니다.

し　した(下) 〔시타〕
아래, 밑

'위'를 뜻하는 〔우에〕의 반대말이 바로 이 〔시타〕랍니다. 혹시 '시다' 라든가 '시다바리' 라는 말 들어 봤나요? 여기에 쓰인 '시다' 가 바로 이 말인데요. 정확한 발음은 〔시타〕에요. 영화 속의 대사로 쓰여서 더욱 유명해진 '시다바리' 의 정확한 발음은 〔시타바리〕랍니다.

す　すし(寿司) 〔스시〕
(생선)초밥

여러분도 '스시' 좋아하시죠? '생선 초밥' 이란 뜻의 'すし'. 요즘은 저렴하게 부담 없이 스시를 먹을 수 있는 회전초밥집이 우리나라에도 많이 생겼지요. 참고로 '회전초밥' 은 回転寿司(かいてんずし) 즉, 〔카이텐즈시〕라고 합니다.

せ　せき(席) 〔세키〕
자리, 좌석

내 세키, 네 세키? 이 말도 절대 욕이 아닙니다. 여기서의 '세키' 는 席(석)이라는 한자를 써서 〔세키〕라고 발음하며, 뜻은 '자리, 좌석' 이에요. 즉, 그림에 나온 말은 '내 자리, 네 자리' 란 뜻이 되는 거죠.

　そら(空) 〔소라〕
하늘

'소라색' 이란 말 예전부터 많이 썼었죠? 여기서의 '소라' 는 空(공)이라는 한자를 써서 そら, 즉 〔소라〕라고 발음하며 그 뜻은 '하늘' 이에요. 보통 하늘은 파랗잖아요? 그런 이유에서 '소라색' 이란 바로 '하늘색' 을 가리키는 겁니다.

획순 따라서 쓰기

さ	一	さ	さ		
し	⏐	し			
す	一	す	す		
せ	一	ナ	せ		
そ	一	フ	ス	そ	

さ	く	ら					
し	た						
す	し						
せ	き						
そ	ら						

ひらがな 청음 さ

퀴즈퀴즈

앞에서 배운 さ행의 어휘를 복습해 볼까요?
보기와 같이 우리말을 읽고, 어휘가 완성되도록 さ행의 문자를 찾고 직접 써 보세요.

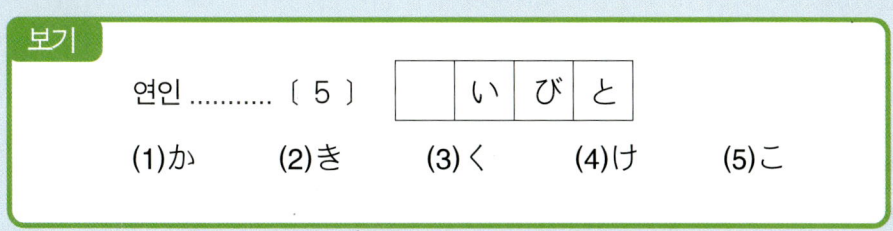

(1) さ　　(2) し　　(3) す　　(4) せ　　(5) そ

1. (생선)초밥 ………〔　〕　☐ し

2. 아래 ……………〔　〕　☐ た

3. 자리, 좌석 ………〔　〕　☐ き

4. 하늘 ……………〔　〕　☐ ら

5. 벚꽃 ……………〔　〕　☐ く ら

해답　1. (3)　2. (2)　3. (4)　4. (5)　5. (1)

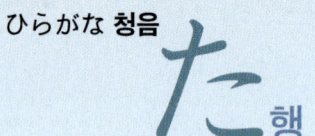

[　　년　월　일]

 듣기

た 행의 자음은 [ㄷ]과 [ㅌ]의 중간음이라고 보면 됩니다.
우선 ち는 chi라고 표기하는데 우리말의 [찌]에 가깝습니다.

그리고 つ는 우리말에는 없는 발음이라서 정확하게 발음하기가 무척 어렵습니다. [쓰우]와 [쯔우]의 중간음으로, 혀 끝을 윗잇몸과 윗니 사이에 대고 가볍게 파열시켜 내는 음입니다.

[つ]음을 작게 써서 [っ] 로 표기할 때 촉음이라 합니다. 촉음은 다음에 오는 음절의 자음과 같은 음으로 앞 음절의 받침 역할을 합니다. [か]행 앞에서는 [k]로, [さ]행에서는 [s]로, た 행에서는 [t]로, ぱ행에서는 [p]로 발음됩니다.

がっこう [각코-] 학교   ざっし [잣시] 잡지   みっつ [밋츠] 3개   きっぷ [킵뿌] 표

 그림과 함께 읽기

た　たま(玉) [타마]
　　구슬

'다마치기' 란 남자아이들이 좋아하는 놀이 중의 하나인 '구슬치기' 입니다. '다마' 가 바로 '구슬' 이란 뜻이거든요. 아직도 우리의 생활 속에서 [타마]는 여전히 쓰이고 있습니다. 전구나 당구공 같이 동그란 모양의 것은 모두 たま 즉, [타마]라고 하니까요.

ち　ちち(父) [치치]
아버지

'치치'는 아버지를 가리키는 말이에요. 그런데 "네? '치치'가 아버지라구요?"라고 반문하는 사람들도 분명 있겠죠? 그건, [치치] 즉, ちち 에는 '아버지'라는 뜻 외에도 '젖, 유방'이란 뜻도 있기 때문이에요.

つ　つめ(爪) [츠메]
손톱, 발톱

'쓰메끼리'란 말 아시죠? 여기에 쓰인 '쓰메'가 바로 つめ 즉, 정확하게는 [츠메]라고 발음하며 뜻은 '손톱, 발톱'이랍니다. '츠메끼리'란 단어는 '손톱'이란 뜻의 つめ [츠메]와 '자르다'라는 뜻의 동사 きる [키루]의 명사형인 きり [키리]가 합쳐져서 만들어진 단어에요.

て　てんぷら(天ぷら) [템푸라]
튀김

우리에게 너무나도 낯익은 단어죠? 회집에 가면 꼭 나오는 단골 메뉴잖아요. 튀김 중에서 가장 유명한 '새우 튀김'은 えびてんぷら [에비템푸라]라고 해요. 간혹, 오뎅과 템푸라를 같은 것으로 알고 있는 사람들이 있는데, 템푸라는 '튀김'이구요, 오뎅은 '어묵'을 말합니다.

と　とうきょう(東京) [토-쿄-]
도쿄

누구나 다~ 알고 있는 일본의 수도가 바로 도쿄! 한자로는 東京이라고 표기하기 때문에 '동경'이라고 말하는 사람들도 많죠. 그리고, 우리말 표기는 '도쿄'라고 하지만 실제 정확한 발음은 [도쿄]가 아니라 [토-쿄-]와 같이 장음이 들어가므로 주의하세요.

획순 따라서 쓰기

た	一	ナ	た	た		
ち	一	ナ	ち			
つ	つ					
て	一	て				
と	丶	と				

たま				
ちち				
つめ				
てんぷら				
とうきょう				

퀴즈퀴즈

앞에서 배운 た행의 어휘를 복습해 볼까요?
일본어 어휘를 읽고, 해당하는 우리말 해석을 보기 중에서 골라 번호를 써 보세요.

보기	(1)도쿄	(2)튀김	(3)아버지
	(4)구슬	(5)손톱, 발톱	

1. たま ……….〔   〕

2. ちち ……….〔   〕

3. つめ ……….〔   〕

4. てんぷら ……….〔   〕

5. とうきょう ……….〔   〕

해답   1. (4)   2. (3)   3. (5)   4. (2)   5. (1)

ひらがな 청음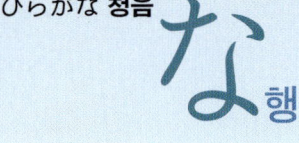

[　　　　년　　월　　일]

 듣기

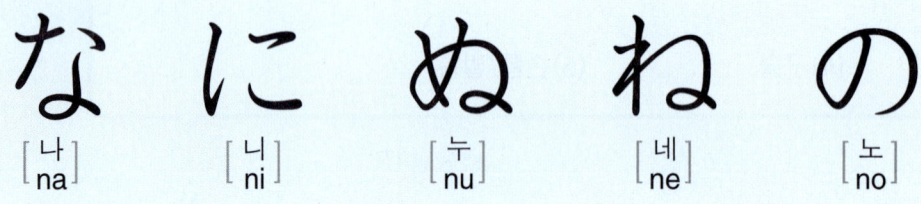

な	に	ぬ	ね	の
[나] na	[니] ni	[누] nu	[네] ne	[노] no

な 행의 자음은 우리말의 [ㄴ]과 비슷합니다.

혀가 경구개(위 잇몸의 단단한 부분)에 붙었다 떨어지면서 나는 비음이며, 영어의 [n]에 해당됩니다.

발음하기 어려운 말은 없지만, ぬ는 [느]와 [우]를 연이어서 짧게 발음하면 되며, 생긴 모양이 ね와 비슷하므로 헷갈리지 않도록 잘 구분하여 외워 두세요. 예를 들어 いぬ(개)와 いね(벼), きぬ(비단)와 きね(절굿공이)처럼 모양이 비슷하지만 뜻이 전혀 달라질 수 있으니까요.

참, ぬ는 ま 행의 め 와도 비슷합니다.

 그림과 함께 읽기

な　なかま(仲間) [나카마]
동료, 동아리, 한 패

이 말도 앞에서 나온 '시다' 나 '오야붕' 처럼 어느 특정 단체의 세계에서 '패거리' 의 뜻으로 많이 쓰이기 때문에 속어의 느낌이 강해요. 그러나, 일본어에서는 회사 동료나 학교 친구, 술 친구 등과 같이 '뜻을 같이 하는 모임 속의 구성원' 을 뜻하는 포괄적인 단어입니다.

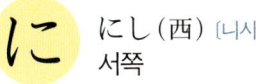 にし（西）〔니시〕
서쪽

우리나라의 지하철 출입구는 번호로 구분되어 있죠? 일본의 경우는 동서남북의 네 방향으로 출입구가 만들어져 있답니다. '동쪽'은 東(ひがし)〔히가시〕라고 하며, '남쪽'은 南(みなみ)〔미나미〕, '북쪽'은 北(きた)〔키타〕라고 해요.

 ぬるぬる 〔누루누루〕
미끈미끈, 미끌미끌

이 말은 표면의 상태가 미끈미끈하여 손 등으로 잡기 힘든 모양을 나타내는 말이에요. 즉, '미끈미끈' 또는 '미끌미끌' 이라는 뜻의 의태어죠. 그림에서처럼 장어나 미꾸라지와 같은 손으로 잡기 힘들 정도로 미끌미끌한 생선이나 손에 기름이 묻은 경우에 씁니다.

 ねこ（猫）〔네코〕
고양이

'검은 고양이 네로' 란 노래 아시죠? 여기서 '네로' 는 고양이 이름이구요, '고양이' 는 ねこ 즉, 〔네코〕라고 한답니다. 참고로, 〔네코〕의 새끼 즉, '아기 고양이' 는 뭐라고 할까요? '강아지' 를 〔코이누〕라고 하는 것처럼 앞에 こ〔코〕를 붙여서 こねこ〔코네코〕라고 합니다.

 のり（海苔）〔노리〕
김

일본어로 '김' 은 のり 즉, 〔노리〕라고 해요. '노리마키' 라고 들어 본 적 있죠? 일식집에서 나오는 김밥을 가리키는데요, 우리나라의 '김밥' 과는 모양과 내용물이 다른 김밥이죠. 우리나라식 김밥은 ふとまき 즉, 〔후토마키〕라고 하니까 참고로 알아 두세요.

획순 따라서 쓰기

な	ー	ナ	か	な			
に	l	に	に				
ぬ	l	め	ぬ				
ね	l	オ	ね				
の	ノ	の					

な	か	ま						

に	し							

ぬ	る	ぬ	る					

ね	こ							

の	り							

ひらがな 청음 な

퀴즈퀴즈

앞에서 배운 な 행의 어휘를 복습해 볼까요?
우리말 해석을 읽고, 어휘가 완성되도록 빈칸에 들어갈 히라가나를 보기 중에서 찾아 써 보세요.

보기	か ま ね り に
	る の な さ ら

1. ぬ ☐ ぬ る

2. ☐ し

3. な か ☐

4. の ☐

5. ☐ こ

해답   1. る   2. に   3. ま   4. り   5. ね

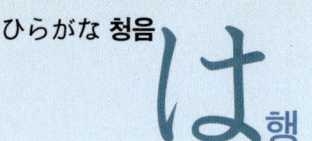

[　　　년　월　일]

듣기

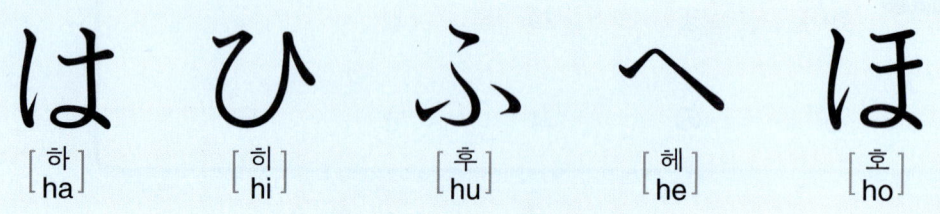

は 행의 は·へ·ほ는 우리말의 [하], [헤], [호]와 비슷합니다.

ひ는 입 안에서 구개음화가 되어 나오는 마찰음입니다. は 행이 어중, 어말에 올 때는 [h]음이 약해지는 경향이 있기 때문에 [h]음을 확실히 발음하도록 합니다. 잘못하면 あ, い, う, え, お처럼 들릴 수가 있기 때문이죠.

그리고 ふ는 fu라고 표기하는데, 영어의 [f]음처럼 어려운 발음이 아니고 우리말의 [후]에 가깝다고 생각하시면 됩니다. 발음하는 방법은 [흐]와 [우]를 연이어 짧게 하면 됩니다.

그림과 함께 읽기

は　はな(花) [하나]
　　꽃

일본어에서의 [하나]는 '꽃'이란 뜻이에요. 한자는 花(화). 그리고, '꽃다발'은 はなたば 즉, [하나타바]라고 해요. '꽃'이라는 뜻의 はな [하나]와 '다발, 묶음'이라는 뜻의 たば [타바]가 합쳐져서 만들어진 단어입니다.

 ひ(日) 〔히〕
해, 햇빛

'해, 햇빛' 이란 뜻을 가진 말이 바로 ひ 즉, 〔히〕에요. 한자로는 日(일) 이죠. 참고로, '불' 을 나타내는 火(화) 역시 〔히〕라고 읽습니다. 그림에 나온 '아사히' 즉, あさひ는 '아침' 을 뜻하는 あさ〔아사〕에 '해' 를 뜻하는 ひ〔히〕가 합쳐져서 만들어진 단어에요.

 ふうふ(夫婦) 〔후-후〕
부부

우리말로 '부부' 란 뜻인데요, ふうふ라고 표기하므로 발음에 있어서 앞의 ふ가 있는 부분에만 장음이 있으므로 주의하세요. 다시 말해서, 〔후후〕가 아니라 〔후-후〕라고 정확하게 발음해야 합니다.

 へや(部屋) 〔헤야〕
방

'방' 을 뜻하는 へや 즉, 〔헤야〕는 독특한 한자로 구성되어 있어요. 한자음으로는 '부옥' 이죠. 참고로, や〔야〕란 말은 장소를 나타내는 접미사로 '가게, 상점' 의 뜻을 가지고 있죠. 예를 들어, '서점' 은 ほんや〔홍야〕라고 하구요, '빵집' 은 パンや〔팡야〕라고 합니다.

 ほし(星) 〔호시〕
별

밤하늘에 반짝반짝 빛나는 '별' 을 ほし 즉, 〔호시〕라고 해요. 이 ほし〔호시〕와 '하늘' 을 뜻하는 そら〔소라〕가 서로 합쳐지면 ほしぞら가 되는데요, 발음은 〔호시소라〕가 아니라 〔호시조라〕가 됩니다. 뜻은 '별이 가득한 (밤)하늘' 이 되겠죠?

획순 따라서 쓰기

は	し	には		
ひ	`	ひ	ひ	
ふ	`	ふ	ふ	ふ
へ	へ	へ		
ほ	し	に	にほ	

はな				
ひ				
ふうふ				
へや				
ほし				

퀴즈퀴즈

앞에서 배운 は행의 어휘를 복습해 볼까요?
보기와 같이 우리말을 읽고, 어휘가 완성되도록 문자를 찾아 써 보세요.

보기

(생선)초밥 .... | す | し |

さ　　ち　　す　　し　　の　　つ　　お

1. 꽃 ....
   あ　き　こ　は　な　て　せ

2. 부부 ....
   い　ふ　う　ふ　な　け　お

3. 별 ....
   て　に　ほ　し　ふ　ぬ　は

4. 방 ....
   へ　や　ね　た　う　く　さ

5. 해 ....
   し　ち　か　に　と　え　ひ

해답　　　　　　　　1. はな　2. ふうふ　3. ほし　4. へや　5. ひ

ひらがな **청음** 행

[　　　년　　월　　일]

 듣기

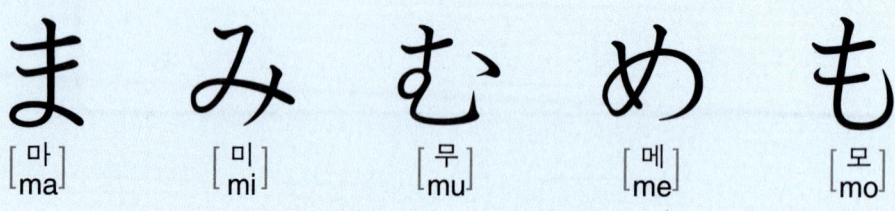

ま행의 자음은 우리말의 ㅁ과 같이 발음하며, 영어의 m과 같습니다.

む는 [므]와 [우]를 연이어 짧게 발음합니다.

힘든 발음은 없지만, め는 な행의 ぬ와 모양이 비슷하므로 헷갈리지 않도록 잘 구분하여 외워 두세요. 예를 들어 きめ(나뭇결, 살결)와 きぬ(비단), しめ(조름, 합계)와 しぬ(죽다), ぬい(꿰맴, 솔기)와 めい(조카딸)처럼 모양은 비슷하지만 뜻이 전혀 달라질 수 있거든요.

 그림과 함께 읽기

 まぐろ [마구로]
참치, 다랑어

일식집 메뉴판에서 '마구로'란 단어, 많이 보셨죠? 이 '마구로'가 바로 まぐろ이구요, 뜻은 '참치'에요. '다랑어'라고도 하죠. 보통 [마구로]는 회로 많이 먹지만, 구이도 있답니다. 참고로, '생선회'는 刺身(さみ) 즉, [사시미]라고 해요. 많이 들어본 단어죠?

 みみ(耳) 〔미미〕
귀

꼭 순정 만화의 귀여운 여자 주인공 이름 같은 느낌의 〔미미〕가 바로 '귀' 랍니다. 우리 몸의 청각기관이죠. 참고로, 귀의 역할인 '듣다' 는 きく〔키쿠〕입니다. 〔미미〕와 함께 동사도 함께 알아 두면 일석이조의 효과가 있겠죠?

 むし(虫) 〔무시〕
벌레

むし 즉, 〔무시〕란 단어는 2가지 뜻을 가지고 있는데요, 하나는 無視 즉, '무시' 란 뜻이구요, 나머지 하나는 虫(충) 즉, '벌레' 란 뜻이에요. 無視는 한자음도 '무시' 이고 일본어 발음도 〔무시〕로 똑같습니다. 한편, 벌레는 무시무시하고 징그러우니까 '무시무시한 〔무시〕' 라고 외우면 되겠죠?

 めがね(眼鏡) 〔메가네〕
안경

우리 몸의 시각기관인 '눈' 은 め 즉, 〔메〕라고 하구요, 이 〔메〕가 나쁠 때 쓰는 '안경' 은 めがね 즉, 〔메가네〕라고 해요. 참고로, '안경을 쓰다' 는 '걸다' 라는 뜻의 동사인 かける〔카케루〕를 써서 めがねを かける〔메가네오 카케루〕라고 합니다.

 もしもし 〔모시모시〕
여보세요

もしもし 즉, 〔모시모시〕란 이 말은 전화를 걸었을 경우든 전화를 받았을 경우든 어느 경우에서라도 수화기를 들고 제일 먼저 하는 말이에요. 뜻은 물론 '여보세요' 구요. 일본어를 모르는 사람들도 이 〔모시모시〕란 말은 다 알고 있을 정도로 아주 기본적인 표현입니다.

획순 따라서 쓰기

ま	一	二	ま		
み	ͺ		み		
む	一	む	む		
め	ͺ	め			
も	し	も	も		

まぐろ

みみ

むし

めがね

もしもし

ひらがな 청음 ま

퀴즈퀴즈

앞에서 배운 ま행의 어휘를 복습해 볼까요?
각 일본어 어휘에 해당하는 우리말을 찾아서 서로 선으로 연결해 보세요.

1. まぐろ •

2. みみ •

3. もしもし •

4. めがね •

5. むし •

• (1) 벌레

• (2) 귀

• (3) 안경

• (4) 여보세요

• (5) 참치

해답   1. (5)   2. (2)   3. (4)   4. (3)   5. (1)

ひらがな 청음 や행

[년   월   일]

や, ゆ, よ는 반(半)모음 또는 이중 모음이라고 합니다. 독자적으로 음절을 이루지 못하기 때문에 이렇게 이름이 붙여진 것입니다.

발음은 우리말의 〔야〕,〔유〕,〔요〕와 비슷하므로 어렵게 생각하지 마시고 똑같이 발음하면 됩니다.

그리고, 이 や행도 あ행와 마찬가지로 앞에 ん이 올 때에는 주의해야 합니다.

예를 들어, こんや(koŋya:오늘밤)를 こんにゃ(konnya) 또는 こにゃ(konya)처럼 발음하기 쉽거든요.

그림과 함께 읽기

 やき(焼き) 〔야키〕
구운 것, 구이

중국집에 자장면 등을 주문했을 때 서비스로 많이 가져 오는 야키만두가 바로 '군만두' 란 뜻이에요. '굽다' 라는 뜻의 동사가 やく〔야쿠〕이구요, 이 동사의 명사형이 바로 やき〔야키〕랍니다. 참고로, 우리가 말하는 만두는 일본어로 ぎょうざ〔교-자〕라고 해요.

 ゆき(雪) 〔유키〕
눈

하늘에서 내리는 '눈' 을 일본어로는 ゆき〔유키〕라고 해요. 참고로, '눈이 내리다' 는 '내리다, 내려오다' 라는 뜻의 동사인 ふる〔후루〕를 써서 ゆきが ふる라고 해요. 발음은 〔유키가 후루〕입니다.

 ようい(用意) 〔요-이〕
준비

예전에 달리기를 시작하려고 할 때 '준비~, 출발!' 이란 뜻으로 썼던 말로 '요~이 땅!' 기억하시죠? 이 '요~이' 가 바로 用意(용의)란 한자를 쓰는 ようい〔요-이〕랍니다. 그런데, '요~이 땅!' 이란 말은 잘못된 표현이고, 올바른 표현은 ようい どん〔요-이 동〕입니다.

획순 따라서 쓰기

や
ゆ
よ

やき
ゆき
うい

퀴즈퀴즈

앞에서 배운 や행의 어휘를 복습해 볼까요?
보기와 같이 우리말을 읽고, 어휘가 완성되도록 글자를 찾아 직접 써 보세요.

보기

귀 .... 〔 2 〕 み ☐

(1) ま　　　(2) み　　　(3) む　　　(4) め

1. 준비 .... 〔　〕 よ ☐ い

　(1) あ　　　(2) い　　　(3) う　　　(4) え

2. 눈 .... 〔　〕 ☐ き

　(1) や　　　(2) ゆ　　　(3) よ　　　(4) み

3. 구이 .... 〔　〕 や ☐

　(1) か　　　(2) き　　　(3) け　　　(4) け

해답　　　　　　　　　　　　　　　1. (3)　2. (2)　3. (2)

ひらがな 청음 행

[　　년　월　일]

듣기

ら 행의 자음은 일본어 특유의 음이라고도 불리는데요, 혀 끝이 잇몸에 가볍게 닿았다가 갑자기 떨어져서 튕기는 음이라서 그렇습니다. 영어로는 [r]로 표기되는데, 그렇다고 영어의 r처럼 혀를 굴리지는 않습니다.

영어의 [r]도 [l]도 아닌 음이라고 하는데, 우리말의 [라], [리], [루], [레], [로]에 가깝다고 생각하시면 됩니다.

그리고, 이 ら 행 역시 앞에 ん이 올 때에는 주의해야 합니다. 예를 들어 こんらん(konran: 혼란)을 こるらん(koruran), かんり(kanri: 관리)를 かるり(karuri)처럼 잘못 발음하기 쉽기 때문이죠.

그림과 함께 읽기

ら　らく(楽) [라쿠]
　　편안함, 안락함, 쉬움

らく[라쿠]란 말은 우리말로 '편안함, 안락함, 쉬움'이란 뜻을 가지고 있어요. '편안하게 지내다'는 らくに すごす [라쿠니 스고스]라고 하며, '안락한 의자'는 らくな いす [라쿠나 이스]라고 하면 됩니다. 여러 가지 상황에서 다양하게 쓰이므로 잘 알아 두세요.

り　りんりん〔링링〕
따르릉 따르릉, 딸랑딸랑

りんりん〔링링〕은 여러 가지 뜻을 가지고 있는 의성어에요. 그림에서처럼 전화벨이 울리는 소리인 '따르릉 따르릉' 으로 쓰이기도 하고, 방울이 울리는 소리인 '딸랑딸랑' 으로 쓰이기도 합니다. 우리말과 일본어의 의성어는 많이 다르므로 잘 알아 두셔야 해요.

る　るす（留守）〔루스〕
부재중

るす〔루스〕란 단어는 외출하고 집에 없는 상태인 '부재중' 을 뜻하는 말이에요. 보통 자동응답 전화기에 녹음할 때 많이 쓰이는 표현이죠. 참고로, '자동응답 전화기' 는 るすばんでんわ〔루스방뎅와〕라고 합니다.

れ　れんあい（恋愛）〔렝아이〕
연애

듣기만 해도 기분이 행복해지는 단어가 바로 **れんあい** 즉, 〔렝아이〕인 것 같아요. '연애' 란 뜻이죠. 가슴 설레는 느낌이 너무나도 기분 좋은 이 〔렝아이〕를 우리는 명사로도 쓰고 동사로도 쓰지만, 일본에서는 주로 명사로 씁니다.

ろ　ろうまん（浪漫）〔로-망〕
낭만

ろうまん은 한자로 보면 浪漫 즉, '낭만' 이란 뜻임을 바로 알 수 있어요. 일본어 발음은 〔로-망〕이라고 하죠. 이 단어는 영어의 romantic과 한자의 浪漫(낭만)을 함께 머릿속에 떠올리면 외우기 쉬울 것 같네요.

획순 따라서 쓰기

ら	ら	ら			
り	り	り			
る	る	る			
れ	れ	れ			
ろ	ろ	ろ			

らく			
りんりん			
るす			
れんあい			
ろうまん			

 **퀴즈퀴즈**

앞에서 배운 ら행의 어휘를 복습해 볼까요?
우리말을 읽고, 어휘가 완성되도록 빈칸에 들어갈 히라가나를 고르세요.

1. 연애 .... ☐ ん あ い
   (1) ら   (2) り   (3) る   (4) れ   (5) ろ

2. 편안함, 쉬움 .... ら ☐
   (1) か   (2) き   (3) く   (4) け   (5) こ

3. 낭만 .... ろ ☐ ま ん
   (1) あ   (2) い   (3) う   (4) え   (5) お

4. 부재중 .... る ☐
   (1) さ   (2) し   (3) す   (4) せ   (5) そ

5. 따르릉 따르릉 .... ☐ ん り ん
   (1) ら   (2) り   (3) る   (4) れ   (5) ろ

해답   1. (4)   2. (3)   3. (3)   4. (3)   5. (2)

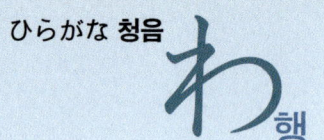

ひらがな 청음

[　　년　월　일]

 듣기

[와]
[wa]

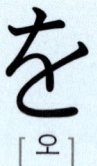
[오]

わ도 や, ゆ, よ와 마찬가지로 반(半)모음 또는 이중 모음이라고 하며, 우리말의 [와]와 비슷합니다. 하지만 우리말의 [와]처럼 입술을 내미는 [오]에서 입을 벌리는 [아]로 입 모양을 크게 움직이지 않으면서 부드럽게 발음하는 것이 자연스러운 わ가 됩니다.

그리고, を는 조사로만 사용되는 글자로서, 발음은 あ행의 お와 똑같이 [오]라고 합니다.

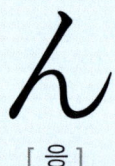
[응]
[N]

이 ん은 단어의 처음에는 올 수 없고, ん 뒤에 오는 음에 영향을 받아서 각각 ㅁ, ㄴ, ㅇ으로 발음됩니다. 즉, ん 뒤에 어느 행의 음이 오는지에 따라 발음이 달라지므로 정확하게 구분하여 발음할 수 있도록 아래의 내용을 확실하게 외워 두세요.

1. ん 뒤에 ま행, ば행, ぱ행 음이 오는 경우 .... ㅁ받침
2. ん 뒤에 た행, だ행, な행, ら행, さ행, ざ행 음이 오는 경우 .... ㄴ받침
3. ん 뒤에 か행, が행 음이 오는 경우 .... ㅇ받침

 **그림과 함께 읽기**

 わさび [와사비]
고추냉이

일식집에 가서 생선회를 먹을 때 항상 함께 나오는 わさび 즉, [와사비]란 단어, 모르시는 분 없죠? '고추냉이'라는 우리말보다 '와사비'란 표현이 너무나도 자연스럽게 되어 버린 단어죠. 이 '와사비'는 우리나라의 고추와는 다르게 코 끝을 톡 쏘는 매운 맛을 내죠.

 わさびを [와사비오]
고추냉이를

여기에 쓰인 を는 목적을 나타내는 목적격 조사에요. 발음은 あ행의 お와 똑같이 [오]라고 하면 됩니다. 뜻은 '~을, ~를'이구요. 글자 모양이 좀 독특하고 재미나게 생겼죠? 잘못 쓰기 쉬운 글자니까 정확하게 쓸 수 있도록 많이 연습하세요.

 かんこく(韓国) [캉코쿠]
한국

'한국'이란 뜻의 かんこく는 [캉코쿠]라고 발음해요. か 뒤에 있는 ん의 발음은 앞에서 설명한 대로 뒤에 오는 こ의 영향을 받아서 우리말의 'ㅇ받침'으로 발음해야 합니다. ん이 들어 있는 단어들은 발음이 어려우므로 정확하게 잘 알아 두세요.

획순 따라서 쓰기

わ／ナ才わ
を一ナち を

ん ／ ん

わさび
わさびを

かんこく

퀴즈퀴즈

1. 앞에서 배운 わ행의 어휘를 복습해 볼까요?
   우리말을 읽고, 어휘가 완성되도록 괄호 안에 들어갈 히라가나를 찾아 번호를 써 보세요.

   (1) 고추냉이 .... (　　) さび
   　　①ま　　　②ら　　　③た　　　④わ　　　⑤か

   (2) ~을(를) .... (　　)
   　　①か　　　②に　　　③を　　　④で　　　⑤と

2. 앞에서 배운 ん의 여러 가지 발음에 대해 복습해 볼까요?
   보기 속에 나와 있는 ん이 들어 있는 어휘들을 잘 읽고, 어떤 발음에 해당하는지를 찾아서 번호를 써 보세요.

   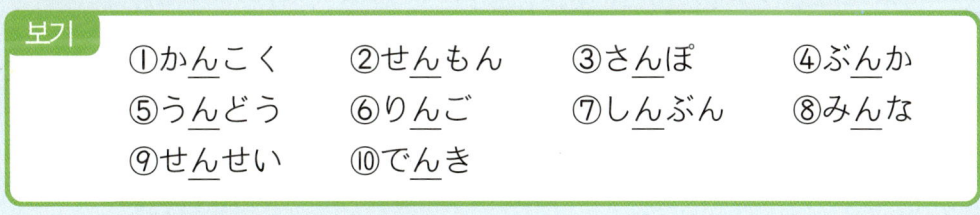

   (1) ㄴ 받침 .... (⑤)(　　)(　　)

   (2) ㅇ 받침 .... (①)(　　)(　　)(　　)

   (3) ㅁ 받침 .... (②)(　　)(　　)

   해답　　　1. (1) ④　(2) ③　2. (1) ⑧ ⑨　(2) ④ ⑥ ⑩　(3) ③ ⑦

ひらがな **탁음** 행

[년 월 일]

 듣기

が	ぎ	ぐ	げ	ご
[가] ga	[기] gi	[구] gu	[게] ge	[고] go

탁음이란 성대의 진동을 수반하는 소리로서 か행, さ행, た행, は행에서만 나타나며, 청음 글자의 오른쪽 위에 부호(〃)를 찍어서 표기합니다. (〃)부호는 '탁음 부호' 또는 にごり [니고리]라고 부릅니다.

 어휘와 함께 읽기

が　　がらがら (가라가라)
　　　텅텅 빔 / 와르르

1. 텅텅 비어 있는 모양 : 텅텅 빔
　　がらがらの バス [가라가라노 바스] (텅텅 빈 버스)
2. 한꺼번에 무너지는 모양 : 와르르
　　がらがらと おとが する [가라가라토 오토가 스루] (와르르하고 소리가 나다)

ぎりぎり 〔기리기리〕
빠듯함 / 최종

  1. 한계에 다다른 모양 : 빠듯함
    じかんに ぎりぎりだ 〔지칸니 기리기리다〕 (시간에 빠듯하다)
  2. 최종 기한, 한도 : 최종
    ぎりぎりの きげん 〔기리기리노 키겐〕 (최종 기한)

 ぐらぐら 〔구라구라〕
흔들흔들, 비틀비틀 / 어질어질, 어찔어찔

  1. 크게 흔들리며 움직이는 모양 : 흔들흔들, 비틀비틀
    つくえが ぐらぐらする 〔츠쿠에가 구라구라스루〕 (책상이 흔들거린다)
  2. 매우 어지러운 모양 : 어질어질, 어찔어찔
    あたまが ぐらぐらする 〔아타마가 구라구라스루〕 (머리가 어질어질하다)

げ げたげた 〔게타게타〕
헤헤 / 껄껄

  1. 입을 쩍 벌리고 헤프게 웃는 모양 : 헤헤
    げたげた わらう 〔게타게타 와라우〕 (헤헤 웃다)
  2. 큰 소리로 볼품 사납게 웃는 모양 : 껄껄
    げたげた わらう 〔게타게타 와라우〕 (껄껄 웃다)

 ごりごり 〔고리고리〕
득득, 박박

단단한 것에 세게 비벼 움직이는 모양 : 득득, 박박
    なべを ごりごり こする 〔나베오 고리고리 코스루〕 (냄비를 박박 문지르다)

획순 따라서 쓰기

が	か	か	が			
ぎ	き	き	ぎ			
ぐ	く	く	ぐ			
げ	け	け	げ			
ご	こ	こ	ご			

がらがら		
ぎりぎり		
ぐらぐら		
げたげた		
ごりごり		

ひらがな 탁음  행

[년   월   일]

 듣기

ざ [자/za]　じ [지/zi]　ず [즈/zu]　ぜ [제/ze]　ぞ [조/zo]

ざ 행은 한국 사람들에게는 아주 약한 발음입니다.

특히 じ에서 [z]는 [i] 앞에서 발음이 좀 달라집니다. 'j' 발음이 아니라 'z' 발음입니다. 주의하세요!

 어휘와 함께 읽기

ざ　ざらざら 〔자라자라〕
까칠까칠 / 까슬까슬

1. 만진 감촉이 거칠고 윤기가 없는 모양 : 까칠까칠
   ざらざらした はだ 〔자라자라시타 하다〕 (까칠까칠한 피부)
2. 표면이 매우 거칠은 모양 : 까슬까슬
   したが ざらざらする 〔시타가 자라자라스루〕 (혀가 까슬까슬하다)

ひらがな 탁음 ざ 53

じ 〔지메지메〕
じめじめ
질퍽질퍽 / 축축, 구질구질

1. 습기가 많은 모양 : 질퍽질퍽
   じめじめした とち 〔지메지메시타 토찌〕 (질퍽질퍽한 토지)
2. 볼품 없는 모양 : 축축, 구질구질
   じめじめした てんき 〔지메지메시타 텡키〕 (구질구질한 날씨)

ず
ずらずら 〔즈라즈라〕
죽 / 줄줄, 술술

1. 죽 늘어서 있는 모양 : 죽
   ずらずら ならぶ 〔즈라즈라 나라부〕 (죽 늘어서다)
2. 매끄럽고 유창한 모양 : 줄줄, 술술
   ずらずら よむ 〔즈라즈라 요무〕 (줄줄 읽는다)

ぜ
ぜんぜん 〔젠젠〕
전혀, 온통, 모조리

이 단어는 부사로서, 늘 뒤에 부정어와 함께 쓰여요.
   ぜんぜん かけない 〔젠젠 카케나이〕 (전혀 쓸 수 없다)
   ぜんぜん できない 〔젠젠 데키나이〕 (전혀 할 수 없다)

ぞ
ぞくぞく 〔조쿠조쿠〕
오슬오슬 / 오싹오싹 / 속속, 잇따라

1. 추위를 느끼는 모양 : 오슬오슬
   さむくて ぞくぞくする 〔사무쿠테 조쿠조쿠스루〕 (추워서 오슬오슬하다)
2. 무서움과 공포를 느끼는 모양 : 오싹오싹
   こわくて ぞくぞくする 〔코와쿠테 조쿠조쿠스루〕 (무서워서 오싹오싹하다)
3. 연달아서 일어나는 모양 : 속속, 잇따라
   ぞくぞく でる 〔조쿠조쿠 데루〕 (잇따라 나오다)

획순 따라서 쓰기

ざ	さ	さ	ざ			
じ	し	じ				
ず	一	す	ず			
ぜ	一	せ	ぜ			
ぞ	ᄼ	そ	ぞ			

ざらざら

じめじめ

ずらずら

ぜんぜん

ぞくぞく

ひらがな 탁음 ざ

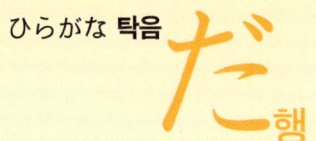

[　　년　월　일]

듣기

だ	ぢ	づ	で	ど
[다] da	[지] zi	[즈] zu	[데] de	[도] do

だ, で, ど는 [d] 발음이고, ぢ는 じ, づ는 ず와 똑같이 발음합니다.
[だ]는 우리말의 '바다'를 발음할 때의 [다]와 같은 음입니다.

어휘와 함께 읽기

だ だらだら [다라다라]
줄줄 / 완만하다

1. 액체가 흐르는 모양 : 줄줄
   みずが だらだら ながれる [미즈가 다라다라 나가레루] (물이 줄줄 흐르다)
2. 완만하게 경사가 길게 뻗어 있는 모양 : 완만하다
   だらだらした さか [다라다라시타 사카] (완만한 언덕)

ぢ はなぢ(鼻血) 〔하나지〕
코피

'코'라는 뜻의 はな〔하나〕와 '피'라는 뜻의 ち〔치〕가 서로 합쳐져서 생긴 단어에요. 발음은 〔하나치〕가 아니라 〔하나지〕라고 해야 하므로 반드시 주의하세요.

　はなぢが　でる 〔하나지가 데루〕 (코피가 나다)

づ つづき(続き) 〔츠즈키〕
이음, 연결, 계속

'이어지다, 연결되다, 계속되다'라는 뜻의 자동사는 つづく 즉, 〔츠즈쿠〕라고 하며, '잇다, 연결하다, 계속하다'라는 뜻의 타동사는 つづける 즉, 〔츠즈케루〕라고 해요. 이 중에서 자동사인 つづく의 명사형이 바로 つづき〔츠즈키〕입니다.

　つづきが　わるい 〔츠즈키가 와루이〕 (연결이 나쁘다)
　はなしの　つづき 〔하나시노 츠즈키〕 (계속되는 이야기, 뒷 이야기)

で でんでん 〔덴덴〕
둥둥

북을 칠 때 나는 소리 : 둥둥
　たいこを　でんでん　たたく 〔타이코오 덴덴 타타쿠〕 (북을 둥둥 두드리다)

ど どきどき 〔도키도키〕
두근두근

가슴이 마구 뛰는 모양 : 두근두근
　むねが　どきどきする 〔무네가 도키도키스루〕 (가슴이 두근거리다)

ひらがな 탁음 だ

획순 따라서 쓰기

だ	た	た	だ			
ぢ	ち	ち	ぢ			
づ	つ	つ	づ			
で	て	て	で			
ど	と	と	ど			

だらだら

はなぢ

つづき

でんでん

どきどき

ひらがな 탁음 だ

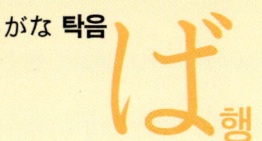

[　　년　월　일]

 듣기

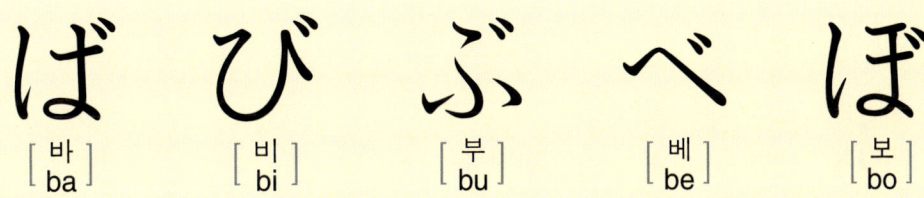

ば행의 자음은 영어의 [b] 발음과 비슷하며, 우리말의 '부부'란 단어의 [ㅂ]음과도 같습니다. [b] 발음을 정확히 내 주셔야 합니다.

 어휘와 함께 읽기

ば　ばたばた 〔바타바타〕
펄럭펄럭 / 허둥지둥

1. 발이나 날개 등을 계속해서 움직이는 모양 : 펄럭펄럭, 푸드덕푸드덕
　　はたが　ばたばたする 〔하타가 바타바타스루〕 (깃발이 펄럭거린다)
2. 급하게 허둥대는 모양 : 허둥지둥
　　いつも　ばたばたする 〔이츠모 바타바타스루〕 (항상 허둥대다)

びしびし 〔비시비시〕
엄하게 / 삐걱삐걱

1. 가차 없이 아주 엄하게 다스리는 모양 : 엄하게
   びしびし しかる 〔비시비시 시카루〕 (엄하게 꾸짖다)
2. 사물이 어딘가 고장난 모양 : 삐걱삐걱
   びしびし おとを する 〔비시비시 오토오 스루〕 (삐걱삐걱 소리를 내다)

ぶらぶら 〔부라부라〕
흔들흔들 / 어슬렁 어슬렁, 빈둥빈둥

1. 매달려서 흔들거리는 모양 : 흔들흔들
   あしを ぶらぶら ゆらす 〔아시오 부라부라 유라스〕 (다리를 흔들흔들 흔들다)
2. 정처없이 걸어 다니는 모양 : 어슬렁 어슬렁, 빈둥빈둥
   みちを ぶらぶら あるく 〔미치오 부라부라 아루쿠〕 (거리를 어슬렁어슬렁 걷다)

べたべた 〔베타베타〕
찰딱 / 처덕처덕

1. 물건이 착 들러붙은 모양 : 찰딱, 끈적끈적
   てが べたべたする 〔테가 베타베타스루〕 (손이 끈적끈적하다)
2. 온통 바르거나 붙이는 모양 : 처덕처덕
   かみを べたべた はる 〔카미오 베타베타 하루〕 (종이를 처덕처덕 붙이다)

ぼろぼろ 〔보로보로〕
너덜너덜 / 부슬부슬

1. 물건이나 천 등이 형편 없이 헤어진 모양 : 너덜너덜
   ぼろぼろの ふく 〔보로보로노 후쿠〕 (너덜너덜한 옷)
2. 찰기가 적어 낱낱이 흩어지는 모양 : 부슬부슬
   ごはんが ぼろぼろだ 〔고항가 보로보로다〕 (밥이 부슬부슬하다)

획순 따라서 쓰기

ば	ば	ば			
び	び	び			
ぶ	ぶ	ぶ			
べ	べ	べ			
ぼ	ぼ	ぼ			

ばたばた	
びしびし	
ぶらぶら	
べたべた	
ぼろぼろ	

ひらがな 탁음 ば

ひらがな 반탁음  행

[년   월   일]

 듣기

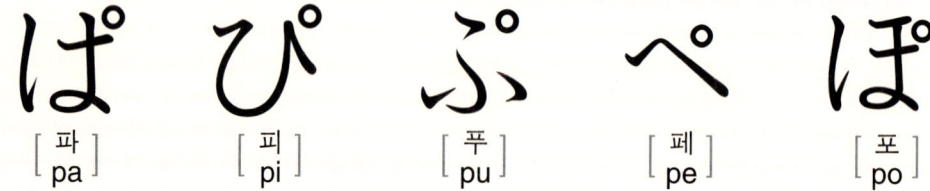

ぱ [파/pa]　ぴ [피/pi]　ぷ [푸/pu]　ぺ [페/pe]　ぽ [포/po]

は 행의 오른쪽 상단에 반탁음 부호 〔°〕를 붙여서 〔파〕, 〔피〕, 〔푸〕, 〔페〕, 〔포〕로 발음합니다.

반탁음은 성대의 진동을 수반하지 않는 음으로, は 행에만 있습니다.

주로 외래어나 의성어, 의태어에 사용됩니다.

우리나라의 〔ㅃ〕과 비슷한데 단어의 맨 앞에 오면 〔ㅍ〕으로 발음됩니다.

어휘와 함께 읽기

ぱ　ぱらぱら 〔파라파라〕
　　호드득 / 듬성듬성

1. 비 등이 조금씩 내리는 모양 : 호드득
　　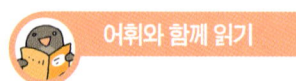 ふる 〔아메가 파라파라 후루〕 (비가 호드득 내리다)
2. 가볍게 조금 뿌리는 모양 : 듬성듬성
　　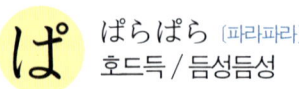 まく 〔시오오 파라파라 마쿠〕 (소금을 듬성듬성 뿌리다)

ぴ　ぴかぴか〔피카피카〕
번쩍번쩍 / 반짝반짝

1. 광택이 나는 모양 : 번쩍번쩍
   ぴかぴかした　くつ〔피카피카시타 쿠츠〕(번쩍번쩍한 구두)
2. 환하게 빛이 나서 빛나는 모양 : 반짝반짝
   ほしが　ぴかぴか　ひかる〔호시가 피카피카 히카루〕(별이 반짝반짝 빛나다)

ぷ　ぷつぷつ〔푸츠푸츠〕
뚝뚝 / 톡톡

1. 물건을 짧게 자르는 모양이나 소리 : 뚝뚝
   はさみで　ぷつぷつ　きる〔하사미데 푸츠푸츠 키루〕(가위로 뚝뚝 자르다)
2. 물건이 짧게 끊어져 있는 모양 : 톡톡
   ひもが　ぷつぷつ　きれて　いる〔히모가 푸츠푸츠 키레테 이루〕(끈이 톡톡 끊어져 있다)

 ぺこぺこ〔페코페코〕
우그러진, 찌그러진 / 몹시 배고픈 모양

1. 찌그러지고 우그러진 모양 : 우그러진, 찌그러진
   ぺこぺこの　ボール〔페코페코노 보-루〕(찌그러진 공)
2. 배가 몹시 고픈 모양
   おなかが　ぺこぺこだ〔오나카가 페코페코다〕(배가 너무 고프다)

 ぽんぽん〔폼퐁〕
팡팡, 탕탕

연달아 세게 터지는 소리 : 팡팡, 탕탕
   はなびが　ぽんぽん　あがる〔하나비가 폼퐁 아가루〕(불꽃이 팡팡 터지다)

획순 따라서 쓰기

ぱ	ぱ	ぱ		
ぴ	ぴ	ぴ		
ぷ	ぷ	ぷ		
ぺ	ぺ	ぺ		
ぽ	ぽ	ぽ		

ぱらぱら	
ぴかぴか	
ぷつぷつ	
ぺこぺこ	
ぽんぽん	

ひらがな 반탁음 ぱ

ひらがな 요음 か・が행

[　　년　　월　　일]

 듣기

50음도 각 자음의 い단, 즉 き, し, ち, に, ひ, み, り, ぎ, じ, び에 반모음인 や, ゆ, よ를 작게 써서 표기하고, 한 음절로 발음되는 복합음입니다.

きゃ, きゅ, きょ의 발음은 우리말의 〔캬〕, 〔큐〕, 〔쿄〕와 〔꺄〕, 〔뀨〕, 〔꾜〕의 중간음으로 발음하며, ぎゃ, ぎゅ, ぎょ는 목의 성대를 울리면서 〔갸〕, 〔규〕, 〔교〕라고 발음하면 됩니다.

 어휘와 함께 읽기

きゃ　きゃく(客) 〔캬쿠〕
　　　손님

주로 이 〔캬쿠〕 앞에는 존칭의 접두어인 お를 붙여서 おきゃくさん 즉, 〔오캭상〕으로 많이 쓰여요. 이 〔오캭상〕과 함께 쓰이는 말이 바로 いらっしゃいませ 즉, 〔이랏샤이마세〕랍니다. 함께 알아 두세요.

きゅ きゅう(九) 〔큐-〕
구, 아홉

숫자 '구, 아홉'을 가리키는 〔큐-〕랍니다. 단, '9시'라는 시간을 나타내는 경우에는 〔큐-〕라고 하지 않고 〔쿠〕라고 해요. 즉, くじ〔쿠지〕가 '9시'란 뜻이 되는 거죠. 반드시 외워 두세요.

きよ きょう(今日) 〔쿄-〕
오늘

이 단어도 장음으로 길게 발음해야 하는 단어에요. 즉, 〔쿄〕가 아니라 〔쿄-〕라고 뒤를 길게 빼서 발음해야 되죠. 참고로, 한자는 같지만 こんにち 즉, 〔콘니치〕라고 읽기도 합니다. 뜻은 '오늘날' 정도가 되겠죠?

ぎゃ ぎゃく(逆) 〔갸쿠〕
반대, 거꾸로, 역

보통 ぎゃく〔갸쿠〕 또는 ぎゃくに〔갸쿠니〕의 형태로 많이 쓰여요. 참, 이 단어는 〔캬쿠〕라고 발음하기 쉬우므로 주의 해야 해요. 탁음을 살려서 정확하게 〔갸쿠〕라고 발음할 수 있도록 연습하세요.

ぎゅ ぎゅうにゅう(牛乳) 〔규-뉴-〕
우유

이 단어는 앞뒤 모두 장음으로 길게 발음해야 해요. 즉, 〔규뉴〕라고 하지 말고 꼭 〔규-뉴-〕라고 길게 빼서 발음해 주세요. 참고로, '우유를 마시다'라는 표현은 ぎゅうにゅうを のむ 즉, 〔규-뉴-오 노무〕라고 합니다.

ぎょ ぎょうせき(業績) 〔교-세키〕
업적

한자 그대로 '업적'이란 뜻이에요. 이 단어도 앞부분에 장음이 있으므로 〔교세키〕라고 하지 말고 〔교-세키〕라고 정확하게 발음하도록 하세요.

획순 따라서 쓰기

きゃ	きゃ		
きゅ	きゅ		
きょ	きょ		
ぎゃ	ぎゃ		
ぎゅ	ぎゅ		
ぎょ	ぎょ		

きゃく
きゅう
きょう
ぎゃく
ぎゅうにゅう

ひらがな 요음 か・が

ひらがな 요음  [년   월   일]

듣기

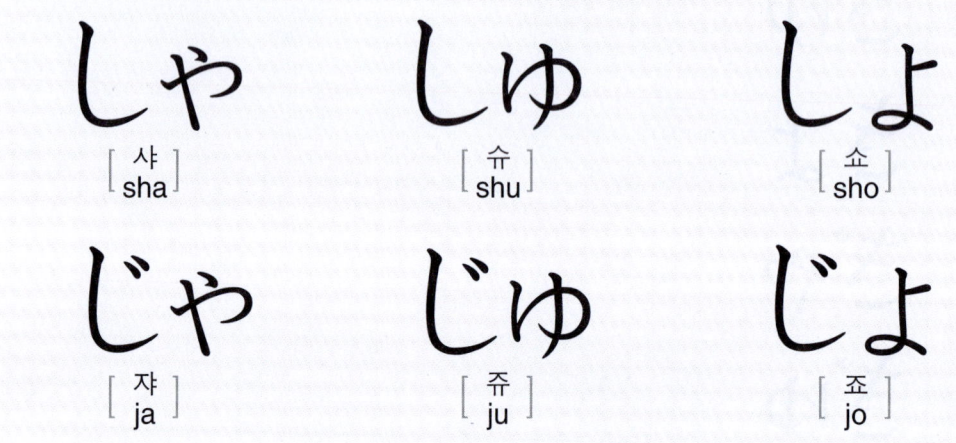

しゃ, しゅ, しょ 의 발음은 우리말의 〔샤〕, 〔슈〕, 〔쇼〕와 거의 같고,
じゃ, じゅ, じょ 는 목의 성대를 울리면서 〔쟈〕, 〔쥬〕, 〔죠〕라고 발음하면 됩니다.

어휘와 함께 읽기

   しゃしん(写真) 〔샤신〕
사진

우리말의 '사진'과 발음이 비슷하죠? 그래도 〔샤진〕이라고 하기 쉬우므로 꼭 정확하게 〔샤신〕이라고 발음할 수 있도록 연습하세요. 참고로, '사진을 찍다'라는 표현은 しゃしんを とる〔샤싱오 토루〕라고 합니다.

しゅ しゅみ (趣味) 〔슈미〕
취미

이 '취미'라는 뜻의 〔슈미〕는 자칫하면 장음으로 읽기 쉬운 단어에요. 〔슈-미〕라고 하지 말고 〔슈미〕라고 짧게 발음하세요.

しょ しょうかい (紹介) 〔쇼-카이〕
소개

이 '소개'라는 단어 역시 앞부분에 들어 있는 장음을 살려서 〔쇼-카이〕라고 정확하게 발음하세요. 참고로, '자기 소개'는 じこしょうかい 즉, 〔지코 쇼-카이〕라고 합니다.

じゃ じゃま 〔쟈마〕
방해, 거추장스러움

주로 열심히 뭔가 하고 있는 사람에게 실례를 해야 할 경우나, 남의 집을 방문할 때 '실례하겠습니다'의 의미로 이 단어가 쓰여요. 표현은 おじゃまします 즉, 〔오쟈마시마스〕라고 합니다.

じゅ じゅぎょう (授業) 〔쥬교-〕
수업

이 じゅぎょう는 한자 읽기 문제에 단골로 등장하는 단어에요. 왜냐하면 〔쥬교-〕라고 앞뒤 모두 장음을 넣어서 발음하기 쉽거든요. 정확하게 〔쥬교-〕라고 발음할 수 있도록 연습하세요.

じょ じょうず (上手) 〔죠-즈〕
능숙함, 능숙한 사람

이 단어는 な형용사로서, 정말 너무 기본적이면서 자주 쓰이는 단어에요. 읽는 법이 색다르기 때문에 시험 문제로도 많이 등장하죠. 즉, 〔죠-즈〕라고 앞부분의 장음을 살려서 정확하게 외워 두세요.

획순 따라서 쓰기

しゃ	しゃ		
じゅ	じゅ		
しょ	しょ		
じゃ	じゃ		
じゅ	じゅ		
じょ	じょ		

しゃしん

しゅみ

しょうかい

じゅぎょう

じょうず

ひらがな 요음 た・な 행

[년 월 일]

듣기

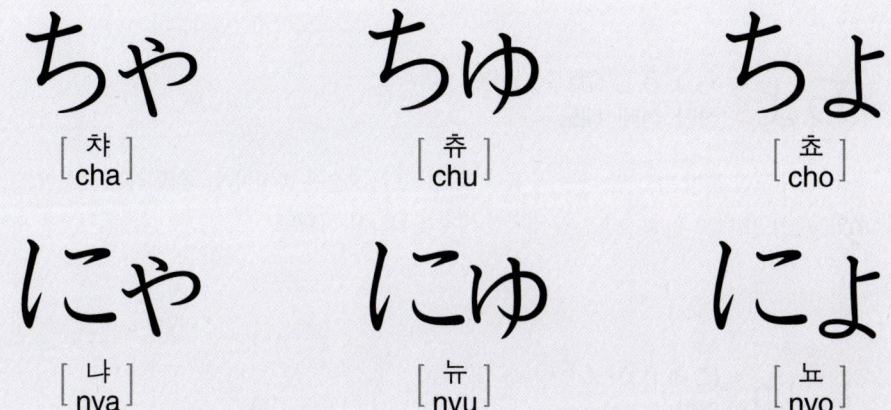

ちゃ、ちゅ、ちょ의 발음은 표기하기 힘들지만 우리말의 [챠], [츄], [쵸]에 가까우며, にゃ、にゅ、にょ는 우리말의 [냐], [뉴], [뇨]와 같으므로 그대로 발음하면 됩니다.

어휘와 함께 읽기

 ちゃ(茶) [챠]
차 (주로 녹차)

おちゃ 즉, [오챠]라는 단어 들어 보신 적 있죠? 바로 이 ちゃ[챠]라는 단어에 존칭의 접두어인 お를 붙인 단어에요. 참고로, 일본인들이 말하는 [오챠]란 보통 '녹차'를 가리킵니다.

ちゅ ちゅうい(注意) 〔츄-이〕
주의

한자도 같고, 발음도 너무 비슷하여 기억하기 쉬운 단어죠? 그렇다고 〔추이〕라든가 〔츄이〕라든가 〔주이〕와 같이 대강 발음하면 안되겠죠? 정확하게 앞부분에 장음을 넣어서 〔츄-이〕라고 발음할 수 있도록 연습하세요.

ちょ ちょうし(調子) 〔쵸-시〕
장단, 상태, 태도

가끔 나이 드신 분이 이런 말 하는 거 들어 보셨나요? '오늘은 조시가 안 좋네' 라는 표현이요. 여기에 쓰인 '조시'가 바로 ちょうし 즉, 정확한 발음은 〔쵸-시〕입니다.

にゅ にゅうがく(入学) 〔뉴-가쿠〕
입학

이 단어 역시 〔뉴가쿠〕가 아니라 〔뉴-가쿠〕라고 정확하게 발음해야 합니다. 참고로, 〔뉴-가쿠〕의 반대말은 〔소츠교-〕에요. そつぎょう 즉, '졸업'이겠죠?

にょ にょうぼう(女房) 〔뇨-보-〕
아내, 처, 마누라

한자는 다른데 일본어 발음이 꼭 우리말의 '여보'랑 비슷하죠. 뜻은 바로 그 뜻이지만요. 이 단어는 앞뒤 모두 장음이 있으므로 〔뇨보〕라고 하지 말고 〔뇨-보-〕라고 정확하게 장음을 살려서 발음하도록 연습하세요.

획순 따라서 쓰기

ちゃ	ちゃ				
ちゅ	ちゅ				
ちょ	ちょ				
にゃ	にゃ				
にゅ	にゅ				
にょ	にょ				

ちゃ

ちゅうい

ちょうし

にゅうがく

にょうぼう

ひらがな 요음 は·ば행

[년   월   일]

 듣기

ひゃ、ひゅ、ひょ 의 발음은 우리말의 [햐], [휴], [효]와 거의 흡사하며,
びゃ、びゅ、びょ 는 목의 성대를 울리면서 [뱌], [뷰], [뵤]라고 발음하면 됩니다.

어휘와 함께 읽기

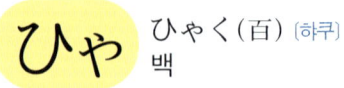 ひゃく(百) [하쿠]
백

자칫하면 [하쿠]라고 발음하기 쉬우므로 요음을 잘 살려서 [햐쿠]라고 정확하게 발음할 수 있도록 연습하세요. 참고로, '백만' 은 ひゃくまん 즉, [햐쿠만]이라고 합니다.

ひょ ひょうげん（表現）〔효-겐〕
표현

우리말의 '표현'과 발음이 비슷하죠? 한자도 같구요. 그래도, 〔효겐〕이라고 하지 말고 〔효-겐〕과 같이 장음을 살려서 정확하게 발음하도록 연습하세요.

びゃ さんびゃく（三百）〔삼뱌쿠〕
삼백, 300

이 단어도 숫자 '삼백'을 가리키는 말이에요. 발음이 무척 어렵죠? 조수사 중에서 이 '삼백'은 '백'을 〔햐쿠〕가 아닌 〔뱌쿠〕로 읽으므로 정확한 발음을 외워 두세요.

びゅ びゅうびゅう 〔뷰-뷰-〕
웽웽

앞뒤 모두 장음이 들어 있는 의성어랍니다. 바람 따위가 아주 세차게 불거나 가르는 소리를 나타내요. '웽웽' 또는 '획획'이란 우리말이 맞겠네요. 예문으로 공부해 볼까요?
　　かぜが びゅうびゅう ふく 〔카제가 뷰-뷰- 후쿠〕 (바람이 웽웽 불다)

びょ びょういん（病院）〔뵤-잉〕
병원

우리말의 '병원'이란 발음과 많이 닮았죠? 같은 한자를 써서 그런가 봐요. 〔뵤잉〕이라고 하지 말고 〔뵤-잉〕과 같이 장음을 살려서 정확하게 발음하세요.

획순 따라서 쓰기

ひゃ	ひゃ		
びゅ	びゅ		
ひょ	ひょ		
びゃ	びゃ		
びゅ	びゅ		
びょ	びょ		

ひゃく

ひょうげん

さんびゃく

びゅうびゅう

びょういん

ひらがな 요음 ぱ·ま행

[년   월   일]

듣기

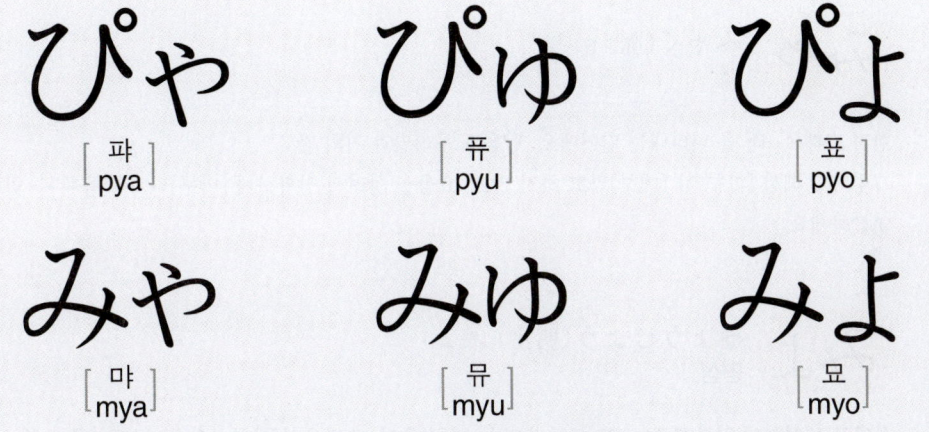

ぴゃ, ぴゅ, ぴょ는 표기하기 어려우나, 목의 성대를 울리면서 [퍄], [퓨], [표]로 발음하면 되며, みゃ, みゅ, みょ는 우리말의 [먀], [뮤], [묘]와 거의 흡사하므로 그대로 발음하면 됩니다.

어휘와 함께 읽기

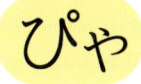 ろっぴゃく(六百) [롭퍄쿠]
육백, 600

이 숫자 '육백' 역시 발음이 까다롭고 만만치 않죠? [햐쿠] 대신 [퍄쿠]로 예외적인 발음을 하는 ろっぴゃく 즉, [롭퍄쿠]를 잘 외워 두세요.

ぴょ ぴょこぴょこ 〔표코표코〕
깡충깡충, 꾸벅꾸벅

한 곳에 있지 못하고 여기저기 가볍게 뛰어다니는 모양을 나타내는 의태어에요. 또한, 머리 등을 조아려 굽실거리는 모양을 나타내기도 하죠. 참고로, 예문을 통해 공부해 볼까요?
　　ぴょこぴょこ はしる 〔표코표코 하시루〕 (깡충깡충 달리다)

みゃ みゃく(脈) 〔먀쿠〕
맥

한자 그대로 '맥'을 나타내는 단어에요. 발음도 우리말과 거의 같죠?
그렇다고 해서 〔마쿠〕나 〔메쿠〕라고 하지 말고, 요음을 살려서 정확하게 〔먀쿠〕라고 발음할 수 있도록 연습하세요.

みよ みょうじょう(明星) 〔묘-죠-〕
명성

한자로 명성인데 일본어로는 〔묘-죠-〕라고 둘 다 장음인 게 발음상 어렵네요. あけの みょうじょう 하면 샛별을 말해요. 또 이 단어는 어떤 사회에서 인기가 있고 뛰어난 사람을 가리킬 때도 쓰입니다. 바꿔 말하면 스타 〔スター〕지요.

획순 따라서 쓰기

ぴゃ	ぴゃ			
ぴゅ	ぴゅ			
ぴょ	ぴょ			
みゃ	みゃ			
みゅ	みゅ			
みょ	みょ			

ろっぴゃく

ぴょこぴょこ

みゃく

みょうじょう

ひらがな 요음 ぱ·ま

ひらがな 요음 ら행

[년   월   일]

듣기

りゃ [랴 rya]　　りゅ [류 ryu]　　りょ [료 ryo]

りゃ, りゅ, りょ의 발음은 우리말의 [랴], [류], [료]와 거의 같으므로 그대로 발음하면 됩니다.

어휘와 함께 읽기

りゃ　りゃくしき (略式) [랴쿠시키]
약식

먹는 음식인 '약식'이 아니라 생략된 형식을 뜻하는 '약식'이에요. 발음도 [랴쿠시키]니까 우리말 발음과 비슷하죠? [야쿠시키]라고 우리말처럼 발음하지 않도록 주의하세요.

りゅ　りゅうこう (流行) [류-코-]
유행

우리말과 한자도 같고 발음도 매우 비슷하죠? 이 단어도 외우기 쉽겠네요. 단, [류코]라든가 [유코]라고 읽지 말고 [류-코-]와 같이 장음을 길게 빼서 정확하게 발음할 수 있도록 연습하세요.

りょ りょこう(旅行) 〔료코-〕
여행

이 단어 역시 한자 읽기 문제에 단골로 등장하는 아주 중요한 단어에요. 왜냐하면, 〔료-코〕라든가 〔료-코-〕와 같이 장음을 정확하게 발음하기 어렵기 때문이죠. 정확한 발음은 〔료코-〕처럼 뒷부분에만 장음이 들어 있으므로 주의하세요.

획순 따라서 쓰기

りゃ	りゃ
りゅ	りゅ
りょ	りょ

りゃくしき

りゅうこう

りょこう

ひらがな 요음 ら 81

カタカナ

| 가타카나 | 청음 | 탁음 | 반탁음 | 요음 |

カタカナ 청음 ア행

[년   월   일]

듣기

[아] a   [이] i   [우] u   [에] e   [오] o

청음이란 50음도에 나오는 각 음절의 가나에 탁점이나 반탁점을 붙이지 않는 글자로 ン을 제외한 모든 음을 말합니다.

일본어의 기본 모음으로 우리말의 모음인 [아], [이], [우], [에], [오]보다 입을 약간 작게 벌려서 발음합니다. ウ는 우리말의 [우]에 가깝지만 입술을 쭈욱 내밀지 말고 약간만 내밀어 부드럽게 발음하면 됩니다.

참, 일본 사람은 [오]와 [어], [우]와 [으]를 구별 못한다고 하는데, 이것은 바로 일본어의 모음이 5개 밖에 없기 때문이죠. 반대로 우리는 못하는 발음이 하나도 없죠?

그림과 함께 읽기

 アニメ(animation) [아니메]
애니메이션

우리말로 '만화 영화'를 뜻하는 말이 바로 [아니메-숀]이에요. 영어로는 animation이죠. 일본어에서는 조금이라도 긴 단어는 간단하게 줄여서 말하는 것을 좋아하기 때문에 이 [아니메-숀]도 줄여서 [아니메] 즉, アニメ라고 많이 해요.

84 カタカナ 청음 ア

 イメージ(image) 〔이메-지〕
　　　이미지, 심상

영어의 image를 우리말로는 '이미지'라고 하고, 일본어로는 〔이메-지〕라고 읽어요. 한 가지 주의할 점은, 〔이메-지〕라고 정확하게 장음을 살려서 발음해야 한다는 거에요. 우리말처럼 그냥 〔이메지〕라고 말하기 쉽거든요.

 ウイルス(virus) 〔우이루스〕
　　　바이러스

'바이러스'를 〔우이루스〕라고 발음하다니, 원래 영어 단어의 발음과는 다르게 발음하죠? 그래도 의미 전달이 되는 걸 보면 신기하네요. 어쨌든, 일본어로는 '바이러스'를 ウイルス 즉, 〔우이루스〕라고 발음하므로 バイルス〔바이루스〕라고 하지 않도록 잘 외워 두세요.

 エスカレーター(escalator) 〔에스카레-타-〕
　　　에스컬레이터

일본어로는 '에스컬레이터'를 エスカレーター〔에스카레-타-〕라고 하고, '엘리베이터'는 エレベーター〔에레베-타-〕라고 해요. 두 단어 모두 〔에스카레타〕 또는 〔에레베타〕와 같이 발음하지 않도록 주의하세요.

 オリンピック(Olympic) 〔오림픽쿠〕
　　　올림픽

일본어로는 '올림픽'을 オリンピック 즉, 〔오림픽쿠〕라고 합니다. 잘못하면 オリンピク 즉, 〔오림피쿠〕라고 읽기 쉬우므로, 반드시 촉음을 살려서 정확하게 발음하도록 연습하세요.

획순 따라서 쓰기

ア	ㄱ	ア			
イ	ノ	イ			
ウ	ᐟ	ᐠ	ウ		
エ	ー	丁	エ		
オ	ー	十	オ		

アニメ			

イメージ		

ウイルス		

エスカレーター	

オリンピック	

퀴즈퀴즈

앞에서 배운 ア 행의 어휘를 복습해 볼까요?
보기와 같이 우리말을 읽고, 해당하는 일본어를 선으로 연결해 보세요.

> **보기**
> 올림픽 •─────── • (1)オリンピック
>   　　　　　　　• (2)オリンピク
>   　　　　　　　• (3)オーリンピック
>   　　　　　　　• (4)オーリンピク

1. 바이러스 •
　　　　　　• (1)ウーイルス
　　　　　　• (2)ウイルス
　　　　　　• (3)バイルス
　　　　　　• (4)バーイルス

2. 이미지 •
　　　　　• (1)イメシ
　　　　　• (2)イメーシ
　　　　　• (3)イメジ
　　　　　• (4)イメージ

3. 에스컬레이터 •
　　　　　　　• (1)エスカレター
　　　　　　　• (2)エスカレタ
　　　　　　　• (3)エスカレーター
　　　　　　　• (4)エスカレータ

해답　　　　　　　　　　　　　　　1. (2)　2. (4)　3. (3)

カタカナ 청음 **カ** 행

[년   월   일]

 듣기

カ	キ	ク	ケ	コ
[카] ka	[키] ki	[쿠] ku	[케] ke	[코] ko

탁음(ガ・ギ・グ・ゲ・ゴ)과 헷갈리지 않도록 주의합시다. 특히 단어 맨 앞에 나오는 경우에 확실히 [k] 발음을 낼 수 있도록 주의하셔야 합니다.

우리말의 [ㄲ]과 [ㅋ]의 중간쯤이 되는 소리라고 하는데 단어의 가장 앞에 올 때에는 [ㅋ], 단어 중간에 올 때에는 [ㄲ]에 가깝다고 할 수 있어요. 예를 들면, カクテル(카쿠테루 : 칵테일), ケーキ(케-키 : 케이크)처럼 말이죠.

 그림과 함께 읽기

カ カクテル(cocktail) [카쿠테루]
칵테일

보기에도 예쁘고, 마시기에도 알코올 도수가 높지 않아서 여자들이 즐겨 마시는 술이 바로 칵테일이죠? 이 '칵테일'을 일본어로는 カクテル 즉, [카쿠테루]라고 해요. 참고로, '한 잔'은 '잔'을 세는 杯(はい)라는 조수사를 써서 いっぱい(一杯) 즉, [입파이]라고 읽어요.

 キッチン(kitchen) 〔킷친〕
키친, 부엌

요새는 우리말도 '부엌'이란 단어보다 영어인 '키친'을 더 많이 쓰는 것 같아요. 일본어에도 '부엌'이란 뜻의 だいどころ〔다이도코로〕란 단어가 있지만, 영어의 kitchen을 그대로 옮긴 キッチン 즉, 〔킷친〕이란 단어를 더 많이 씁니다.

 クラブ(club) 〔쿠라부〕
클럽

일본에서는 club을 クラブ 즉, 〔쿠라부〕라고 읽어요. 대학의 동아리 활동을 말할 때 クラブ活動〔쿠라부 카츠도우〕라고 해요.

 ケーキ(cake) 〔케-키〕
케이크

영어의 cake를 일본어로는 ケーキ 즉, 〔케-키〕라고 해요. 이 〔케-키〕란 단어, 어딘가 향수 어린 단어란 생각 안 드나요? 요즘도 나이 드신 분 중에는 '케이크'를 '케-키'라고 하시는 분들도 많이 계시잖아요. 예전에 쓰이던 〔케-키〕란 단어는 '케이크'만을 뜻하는 것이 아니라 '아이스크림'을 가리키기도 했었죠.

 コーラ(cola) 〔코-라〕
콜라

한 음료회사의 제품명이 이제는 그 음료수를 대표하는 고유명사로 바뀐 대표적인 것이 바로 이 '콜라' 죠? 일본어로는 コーラ 즉, 〔코-라〕라고 해요. 장음이 들어가죠. 잘못하면 コラ〔코라〕 또는 コーラー〔코-라-〕라고 하기 쉬우므로 주의하세요.

획순 따라서 쓰기

カ	一	フ	カ			
キ	一	ニ	キ			
ク	ノ	ク	ク			
ケ	ノ	ケ	ケ			
コ	一	フ	コ			

カクテル		
キッチン		
クラブ		
ケーキ		
コーラ		

 퀴즈퀴즈

앞에서 배운 カ행의 어휘를 복습해 볼까요?
보기와 같이 우리말에 해당하는 일본어 어휘가 완성되도록 문자를 찾고 직접 써 보세요.

> **보기**
>
> 이미지 : ☐ | メ | ー | ジ .... 〔 2 〕
>
> (1) ア   (2) イ   (3) ウ   (4) エ   (5) オ

1. 콜라 : ☐ | ー | ラ .... 〔 〕

   (1) カ   (2) キ   (3) ク   (4) ケ   (5) コ

2. 클럽 : ク | ☐ | ブ .... 〔 〕

   (1) ラ   (2) リ   (3) ル   (4) レ   (5) ロ

3. 케이크 : ケ | ー | ☐ .... 〔 〕

   (1) カ   (2) キ   (3) ク   (4) ケ   (5) コ

4. 칵테일 : カ | ク | ☐ | ル .... 〔 〕

   (1) タ   (2) チ   (3) ツ   (4) テ   (5) ト

5. 키친 : ☐ | ッ | チ | ン .... 〔 〕

   (1) カ   (2) キ   (3) ク   (4) ケ   (5) コ

해답   1. (5) 2. (1) 3. (2) 4. (4) 5. (2)

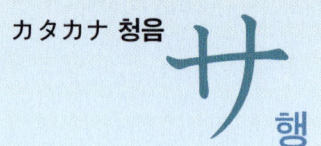

カタカナ 청음 サ행

[년 월 일]

 듣기

サ행은 우리말의 〔ㅅ〕과 영어의 〔s〕와 비슷합니다. 혀 끝을 아랫니의 뒤쪽 부분에 대고, 혀 끝과 윗니 뒷쪽과의 사이에 생기는 틈 사이로 숨을 내밀어 발음합니다.

우선 シ는 shi라고도 표기하지만 〔쉬〕처럼 발음하지 말고 영어의 〔s〕보다 입술을 길게 하여 혀의 앞쪽을 사용하여 〔시〕로 발음하세요.

그리고 ス도 우리말의 〔수〕와 달리 약간 숨을 들이마시면서 발음하기 때문에 〔스〕에 가깝다고 할 수 있습니다. 〔스〕와 〔우〕를 연이어 짧게 발음하세요.

그림과 함께 읽기

サ　サービス(service) 〔사-비스〕
서비스

영어의 service를 일본어로는 サービス 즉, 〔사-비스〕라고 읽어요. 우리말과 같다고 생각하고 サビス 즉, 〔사비스〕라고 발음하지 않도록 주의하세요. 장음이 들어 있으므로 잘 살려서 발음하세요.

 シーソー(seesaw) 〔시소〕
시소

어렸을 때 놀이터에 가면 꼭 있는 놀이 기구 중의 하나가 바로 '시소' 였죠? 이 '시소' 가 바로 영어입니다. 일본어로는 앞뒤 모두 장음이 들어가므로 シーソー 즉, 〔시-소-〕라고 주의하면서 발음하세요.

 スーパー(super) 〔스파〕
수퍼(수퍼마켓의 줄임말)

이 그림에 쓰인 〔스파-〕는 '수퍼마켓' 을 뜻하는 영어의 supermarket 의 줄임말이에요. 일본어로는 スーパーマーケット 즉, 〔스파-마켓토〕인데, 단어가 길기 때문에 줄여서 그냥 スーパー〔스파-〕라고만 하는 거죠.

 セール(sale) 〔세루〕
세일

백화점이나 할인점에 가면 '바겐세일' 이란 것이 있죠? 바로 그 바겐세일에 쓰인 '세일' 이 영어의 sale이며, 일본어로는 セール 즉, 〔세-루〕라고 합니다. 참고로, '바겐세일' 은 バーゲンセール 즉, 〔바-겐세-루〕라고 해요.

 ソウル(Seoul) 〔소우루〕
서울(대한민국의 수도)

우리나라의 수도인 '서울' 의 영어 표기는 Seoul이죠? 이것을 일본어로는 ソウル 즉, 〔소우루〕라고 합니다. 그래도 지명을 나타내는 고유명사라서 그런지 본래 발음인 우리말의 '서울' 과 많이 흡사하죠?

획순 따라서 쓰기

サ	一	十	サ			
シ	丶	丶	シ			
ス	一	フ	ス			
セ	一	セ				
ソ	丶	ソ				

サービス		
シーソー		
スーパー		
セール			
ソウル			

퀴즈퀴즈

앞에서 배운 サ행의 어휘를 복습해 볼까요?
보기와 같이 우리말에 맞는 정확한 가타카나 어휘를 찾아서 ○표를 해 보세요.

보기
키친 .... 〔 ○ 〕 (1) キッチン 〔　〕 (2) キチン 〔　〕 (3) キーチン

1. 서울 .... 〔　〕 (1) サウル
　　　　　　　〔　〕 (2) ソール
　　　　　　　〔　〕 (3) ソウル

2. 슈퍼 .... 〔　〕 (1) スーパ
　　　　　　　〔　〕 (2) スーパー
　　　　　　　〔　〕 (3) スパー

3. 시소 .... 〔　〕 (1) シーソー
　　　　　　　〔　〕 (2) シーソ
　　　　　　　〔　〕 (3) シソー

4. 서비스 .... 〔　〕 (1) サビス
　　　　　　　〔　〕 (2) サービス
　　　　　　　〔　〕 (3) サビース

5. 세일 .... 〔　〕 (1) セイル
　　　　　　　〔　〕 (2) セイール
　　　　　　　〔　〕 (3) セール

해답　　　　　　　　　　1. (3)　2. (2)　3. (1)　4. (2)　5. (3)

カタカナ 청음  행

[년 월 일]

 듣기

タ 행의 자음은 〔ㄷ〕과 〔ㅌ〕의 중간음이라고 보면 됩니다.
우선 チ는 chi라고 표기하는데 우리말의 〔찌〕에 가깝습니다.

그리고 ツ는 우리말에는 없는 발음이라서 정확하게 발음하기가 무척 어렵습니다. 〔쓰우〕와 〔쯔우〕의 중간음으로, 혀 끝을 윗잇몸과 윗니 사이에 대고 가볍게 파열시켜 내는 음입니다.

〔ツ〕음을 작게 써서 〔ッ〕로 표기할 때 촉음이라 합니다. 촉음은 다음에 오는 음절의 자음과 같은 음으로 앞 음절의 받침 역할을 합니다.

チケット〔치켓토〕 티켓   ベッド〔벳도〕 침대

 그림과 함께 읽기

 インターネット(internet) 〔인타-넷토〕
인터넷

'인터넷'은 일본어로 インターネット 즉, 〔인타-넷토〕라고 해요. 우리말에는 장음이 들어 있지 않아서 그냥 インタネット 즉, 〔인타넷토〕라고 발음하기 쉽지만, 일본어에는 장음이 들어 있으므로 주의하여 발음하세요.

 チケット(ticket) [치켓토]
티켓, 표

영어의 ticket이 우리말로는 '티켓'이지만 일본어에서는 チケット 즉, [치켓토]랍니다. [티켓토]라고 발음하지 않도록 각별히 주의해야 해요. 참고로, '연극'은 しばい 즉, [시바이]라고 합니다.

 ツイン(twin) [츠인]
트윈

이 twin이란 단어 역시 앞에 나온 ticket과 마찬가지로 t의 발음이 일본어에서는 영어의 발음과 많이 달라요. 다시 말해서, twin 즉, '트윈'이 일본어로는 ツイン [츠인]이 되죠. 참고로, '침대'는 영어의 bed를 그대로 쓰는데 발음이 ベッド [벳도]가 됩니다.

 テレビ(television) [테레비]
TV

'테레비'란 단어, 우리말처럼 너무 익숙하죠? 그런데, 일본어랍니다. 영어의 television을 그대로 옮겨서 テレビジョン [테레비죤]이라고 하는데, 단어가 길기 때문에 줄여서 テレビ [테레비]라고만 하는 거죠. 앞으로는 일본식 발음인 '테레비'라고 하지 맙시다!

 トイレ(toilet) [토이레]
화장실

영어의 toilet은 '화장실'을 뜻하는 단어인데, 일본어에서는 이 단어를 トイレット 즉, [토이렛토]라고 하기 보다는 짧게 줄여서 トイレ 즉, [토이레]라고만 합니다.

획순 따라서 쓰기

タ	ノ	ク	ク	タ		
チ	ー	二	チ			
ツ	ノ	゛	ツ			
テ	一	二	テ			
ト	I	ト				

インターネット
チケット
ツイン
テレビ
トイレ

 **퀴즈퀴즈**

앞에서 배운 タ행의 어휘를 복습해 볼까요?
보기와 같이 우리말에 맞는 어휘를 찾아서 선으로 연결해 보세요.

보기	화장실	(1) ticket	① ティケト ② チケット ③ チケト
1.	트윈	(2) toilet	① トイレ ② トーイレ ③ トイレー
2.	인터넷	(3) twin	① トウイン ② ツーイン ③ ツイン
3.	텔레비전	(4) television	① テレビ ② テレービ ③ テレビー
4.	티켓	(5) internet	① インターネト ② インターネット ③ インタネット

해답   1. (3) - ③   2. (5) - ②   3. (4) - ①   4. (1) - ②

カタカナ 청음 タ 99

カタカナ 청음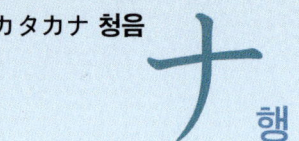
행

[　　　년　월　일]

 듣기

ナ 행의 자음은 우리말의 [ㄴ]과 비슷합니다.

혀가 경구개(위 잇몸의 단단한 부분)에 붙었다 떨어지면서 나는 비음이며, 영어의 [n]에 해당됩니다.

발음하기 어려운 말은 없지만, ヌ는 [느]와 [우]를 연이어서 짧게 발음하면 되며, 생긴 모양이 マ 행의 メ와 비슷하므로 헷갈리지 않도록 잘 구분하여 외워 두세요.

 그림과 함께 읽기

ナ　ナチュラル(natural) [나츄라루]
　　내추럴, 자연스럽다

영어의 natural을 일본어로는 ナチュラル[나츄라루]라고 해요. 영어 발음과 거의 똑같죠? 영어에서도 일본어에서도 형용사로 쓰입니다. 예를 들면, '자연스러운 머리'는 ナチュラルな ヘア[나츄라루나 헤아]라고 하면 됩니다.

 **ニコチン(nicotine)** 〔니코친〕
니코틴

'니코틴' 이란 담뱃잎에 함유되어 있는 알카로이드의 일종으로서, 독성이 강하여 중추 신경을 해치는 아주 무섭고 나쁜 성분이죠. 일본어로는 ニコチン〔니코친〕이라고 해요. 참고로, '무섭다' 라는 형용사는 こわい〔코와이〕라고 합니다. 함께 알아두세요.

 ヌード(nude) 〔누-도〕
누드, 벌거벗은, 나체의

영어의 nude는 일본어로 ヌード〔누-도〕라고 합니다. 그리고, 그림속의 '김밥' 은 일본어로 のりまき〔노리마키〕라고 해요. 그런데, 우리나라의 김밥과는 다르므로 のりまき〔노리마키〕는 '김말이' 라는 뜻으로 알아두세요.

 ネクタイ(necktie) 〔네쿠타이〕
넥타이

남편이 출근할 때 아내가 넥타이를 매어 주는 모습, 참 사랑스럽고 보기 좋죠? 이 '넥타이' 를 일본어로는 ネクタイ〔네쿠타이〕라고 해요. 참고로, '넥타이를 매다' 는 '매다, 묶다' 라는 뜻의 동사인 しめる〔시메루〕를 써서 ネクタイを しめる〔네쿠타이오 시메루〕라고 해요.

 **ノート(note)** 〔노-토〕
노트, 공책

'공책' 이란 우리말보다 '노트' 라는 영어 단어가 더 친숙한 note를 일본어로는 ノート〔노-토〕라고 해요. 장음이 들어가므로 발음할 때 주의하세요. 참고로, '노트에 적다' 는 '쓰다, 적다' 라는 뜻의 동사인 かく〔카쿠〕를 써서 ノートに かく〔노-토니 카쿠〕라고 합니다.

획순 따라서 쓰기

ナ	一	ナ			
ニ	一	ニ			
ヌ	一	フ	ヌ		
ネ	丶	ラ	ネ	ネ	
ノ	ノ				

ナチュラル

ニコチン

ヌード

ネクタイ

ノート

 **퀴즈퀴즈**

앞에서 배운 ナ행의 어휘를 복습해 볼까요?
우리말을 읽고, 어휘가 완성되도록 빈칸에 들어갈 가타카나를 찾아 번호를 써 보세요.

1. 누드 ..... □ ー ド

   (1) ナ   (2) ニ   (3) ヌ   (4) ネ   (5) ノ

2. 넥타이 ..... ネ □ タ イ

   (1) カ   (2) キ   (3) ク   (4) ケ   (5) コ

3. 니코틴 ..... ニ コ □ ン

   (1) タ   (2) チ   (3) ツ   (4) テ   (5) ト

4. 내추럴 ..... □ チ ュ ラ ル

   (1) ナ   (2) ニ   (3) ヌ   (4) ネ   (5) ノ

5. 노트 ..... ノ □ ト

   (1) イ   (2) ウ   (3) ア   (4) オ   (5) ー

해답   1. (3)   2. (3)   3. (2)   4. (1)   5. (5)

カタカナ 청음

행

[년   월   일]

듣기

ハ행의 ハ·ヘ·ホ는 우리말의 [하], [헤], [호]와 비슷합니다.

ヒ 는 입 안에서 구개음화가 되어 나오는 마찰음입니다. ハ행이 어중, 어말에 올 때는 [h]음이 약해지는 경향이 있기 때문에 [h]음을 확실히 발음하도록 합니다. 잘못하면 ア, イ, ウ, エ, オ처럼 들릴 수가 있기 때문이죠.

그리고 フ 는 fu라고 표기하는데, 영어의 [f]음처럼 어려운 발음이 아니고 우리말의 [후]에 가깝다고 생각하면 됩니다. 발음하는 방법은 [흐]와 [우]를 연이어 짧게 하면 됩니다.

그림과 함께 읽기

ハ　ハンサム(handsome) [한사무]
핸섬, 잘생긴

'잘생긴, 멋있는'이란 형용사는 영어로 handsome, 일본어로는 ハンサム[한사무]라고 해요. 기본형은 맨 뒤에 어미 だ를 붙여서 ハンサムだ[한사무다]라고 하죠. 이 형용사는 뒤에 명사가 오면 だ를 な로 바꿔서 명사를 붙여요.

ヒ ヒーター(heater) 〔히-타-〕
히터, 난방기구

우리나라에서는 '히터' 란 단어, 별로 안 쓰죠? 영어로는 heater, 일본어로는 ヒーター〔히-타-〕라고 해요. 참고로, '히터를 켜다' 는 '켜다, 붙이다' 라는 뜻의 동사인 つける〔츠케루〕를 써서 ヒーターを つける〔히-타-오 츠케루〕라고 합니다.

フ フレンド(friend) 〔후렌도〕
프렌드, 친구

친구는 많으면 많을수록 좋다고들 하죠? 그만큼 소중한 존재인 '친구'를 일본어로는 フレンド〔후렌도〕라고 해요. 같은 뜻으로 ともだち〔토모다치〕라는 단어도 있으므로 함께 알아 두세요. 참고로, 그림 속의 ガールフレンド〔가-루 후렌도〕는 '여자 친구' 란 뜻이에요.

ヘ ヘッド(head) 〔헷도〕
헤드, 머리

'머리' 라는 뜻의 head를 일본어로는 ヘッド〔헷도〕라고 해요. 독특하게도 촉음이 들어가므로 발음할 때 주의하세요. 같은 뜻으로 あたま〔아타마〕라는 단어도 있으므로 함께 알아 두세요. 머리에 쓰는 헤드폰은 ヘッドホン〔헷도혼〕이라고 하죠.

ホ ホット(hot) 〔홋토〕
핫, 뜨겁다

'뜨겁다' 라는 뜻의 hot을 일본어로는 ホット〔홋토〕라고 해요. 이 단어도 촉음이 들어가므로 발음할 때 주의하세요. 참고로, '뜨거운 커피'는 ホットコーヒー〔홋토 코-히-〕라고 하며, '냉커피'는 アイスコーヒー〔아이스코-히-〕라고 합니다.

획순 따라서 쓰기

ハ	ノ	ハ			
ヒ	ー	ヒ			
フ	フ	フ			
ヘ	ヘ	ヘ			
ホ	ー	ナ	オ	ホ	

ハンサム	
ヒーター	
フレンド	
ヘッド		
ホット		

 **퀴즈퀴즈**

앞에서 배운 ハ행의 어휘를 복습해 볼까요?
영어 단어를 읽고, 해당하는 일본어 어휘를 찾아서 빈칸에 번호를 써 보세요.

1. hot ..... [   ]
   (1) ハト　　　(2) ハット　　　(3) ホト　　　(4) ホット

2. friend ..... [   ]
   (1) フレンド　(2) フレント　(3) プレンド　(4) プレント

3. heater ..... [   ]
   (1) ヒータ　　(2) ヒーター　(3) ヒター　　(4) ヒタ

4. head ..... [   ]
   (1) ヘド　　　(2) ヘット　　(3) ヘッド　　(4) ヘード

5. handsome ..... [   ]
   (1) ハンサム　(2) ハンソム　(3) ヘンサム　(4) ヘンソム

해답　　　　　　　　　　　　1. (4)　2. (1)　3. (2)　4. (3)　5. (1)

カタカナ 청음 行

[　　년　월　일]

###

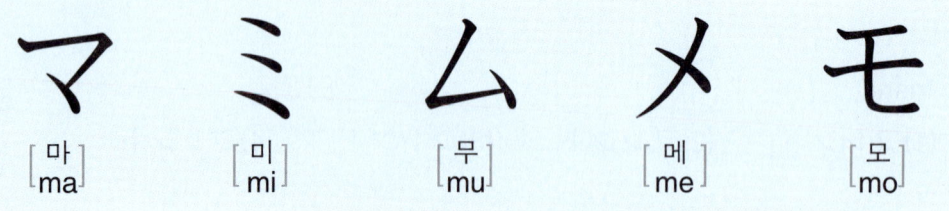

マ행의 자음은 우리말의 ㅁ과 같이 발음하며, 영어의 [m]과 같습니다.

ム는 [므]와 [우]를 연이어 짧게 발음합니다.

힘든 발음은 없지만, メ는 ナ행의 ヌ와 모양이 비슷하므로 헷갈리지 않도록 잘 구분하여 외워 두세요.

일본어의 ひらがな와 カタカナ는 한글처럼 모양에 법칙이 없으면서도 이상하게 닮은 꼴들이 있어서 머리가 아프죠. 그래도 자꾸 보다 보면 귀엽답니다.

###

 マラソン(marathon) [마라손]
마라톤

올림픽 경기의 대미를 장식하는 마지막 경기로서 '올림픽의 꽃'이라고 할 수 있는 것이 바로 마라톤이죠? 영어로는 marathon, 일본어로는 マラソン[마라손]이라고 합니다. 영어 발음과는 다르므로 발음할 때 주의하세요.

 ミルク(milk) 〔미루쿠〕
밀크, 우유, 액상크림

칼슘이 풍부하여 뼈에 좋은 우유 즉, milk는 일본어로 ミルク〔미루쿠〕라고 해요. 같은 뜻으로 ぎゅうにゅう〔규-뉴-〕라는 단어도 있으므로 함께 알아 두세요. 참고로, '맛있다' 라는 형용사는 おいしい〔오이시-〕라고 합니다.

 ムード(mood) 〔무-도〕
무드, 분위기

'분위기' 란 뜻의 mood를 일본어로는 ムード〔무-도〕라고 해요. 장음이 들어가므로 발음할 때 주의하세요. 참고로, '좋은 분위기' 는 '좋다' 라는 뜻의 형용사인 いい〔이-〕를 써서 いい ムード〔이- 무-도〕라고 합니다.

 メール(mail) 〔메-루〕
메일, 편지

요즘은 손으로 써서 우편으로 보내는 편지보다 인터넷을 통해서 보내는 이메일, 즉 전자우편이 더 많이 쓰이죠? 여기서의 '메일' 이 바로 mail, 즉 일본어로는 メール〔메-루〕라고 해요. 참고로, '이메일' 은 イ・メール〔이・메-루〕라고 합니다.

 モデル(model) 〔모데루〕
모델

여자라면 누구나 한 번쯤 자신도 모델 같은 멋진 몸매를 가져 보길 바란 적이 있겠죠? 영어의 model을 일본어로는 モデル〔모데루〕라고 해요. 참고로, '모델이 되다' 는 '～이 되다' 라는 뜻의 ～に なる〔～니 나루〕를 써서 モデルに なる〔모데루니 나루〕라고 합니다.

획순 따라서 쓰기

マ		フ	マ		
ミ		ミ	ミ		
ム	ノ	ム	ム		
メ	ノ	メ			
モ		ニ	モ		

マラソン		
ミルク		
ムード		
メール		
モデル		

퀴즈퀴즈

앞에서 배운 マ행의 어휘를 복습해 볼까요?
보기와 같이 우리말에 맞는 어휘를 찾아서 선으로 연결해 보세요.

보기	무드	(1) ムド (2) ムード (3) ムウド	① model
1.	우유, 밀크	(1) ミールク (2) ミルキ (3) ミルク	② mood
2.	모델	(1) モデール (2) モデル (3) モーデル	③ mail
3.	마라톤	(1) マラソン (2) マラーソン (3) マラトン	④ marathon
4.	메일	(1) メイル (2) メル (3) メール	⑤ milk

해답   1. (3) – ⑤   2. (2) – ①   3. (1) – ④   4. (3) – ③

カタカナ 청음 ヤ행

[년   월   일]

듣기

ヤ [야/ya]   ユ [유/yu]   ヨ [요/yo]

ヤ, ユ, ヨ는 반(半)모음 또는 이중 모음이라고 합니다. 독자적으로 음절을 이루지 못하기 때문에 이렇게 이름이 붙여진 것입니다.

발음은 우리말의 〔야〕, 〔유〕, 〔요〕와 비슷하므로 어렵게 생각하지 마시고 똑같이 발음하면 됩니다.

> 그림과 함께 읽기

 ヤング(young) 〔양구〕
영, 젊다

'젊다'라는 뜻의 young을 일본어로는 ヤング〔양구〕라고 해요. 원래 영어 발음과 다르므로 주의하여 발음하세요. 참고로, young의 반대말인 old는 일본어로 オールド〔오-루도〕라고 합니다. 장음이 들어가므로 이 단어도 발음할 때 주의하세요.

 ユーモア(humor) 〔유-모아〕
유머

유머가 풍부한 사람과 대화하면 유쾌하고 즐겁죠? '유머'는 영어로 humor, 일본어로는 ユーモア〔유-모아〕라고 합니다. 장음이 들어가므로 발음할 때 주의해야겠죠? 참고로, '유머가 넘치다'는 ユーモアが あふれる〔유-모아가 아후레루〕라고 하면 됩니다.

 ヨーヨー(yo-yo) 〔요-요-〕
요요 (놀이 장난감의 일종)

몇 년 전엔가 한창 '요요'라는 놀이가 어린이뿐만 아니라 어른들 사이에서도 크게 유행한 적이 있었죠? 이 '요요'를 일본어로는 발음 그대로 ヨーヨー〔요-요-〕라고 해요. 단, 발음은 같은데 장음이 앞뒤 모두 들어가므로 주의하세요.

획순 따라서 쓰기

ヤ	一	フ	ヤ			
ユ	一	フ	ユ			
ヨ	一	フ	ヲ	ヨ		

ヤ	ン	グ			
ユ	ー	モ	ア		
ヨ	ー	ヨ	ー		

 **퀴즈퀴즈**

앞에서 배운 ヤ행의 어휘를 복습해 볼까요?
보기와 같이 우리말을 읽고, 어휘가 완성되도록 가타카나를 찾아 직접 써 보세요.

보기

모델 .... 〔 4 〕　モ　□　ル

(1) ダ　　(2) ヂ　　(3) ズ　　(4) デ

1. 요요 .... 〔　〕　ヨ　ー　□　ー

   (1) ヤ　　(2) ユ　　(3) ヨ　　(4) ロ

2. 영, 젊다 .... 〔　〕　□　ン　グ

   (1) ヤ　　(2) ユ　　(3) ヨ　　(4) ロ

3. 유머 .... 〔　〕　ユ　ー　モ　□

   (1) ア　　(2) イ　　(3) ウ　　(4) エ

해답　　　　　　　　　　　　　　　　1. (3)　2. (1)　3. (1)

カタカナ 청음 행

[　　　년　　월　　일]

 듣기

ラ 행의 자음은 일본어 특유의 음이라고도 불리는데요, 혀 끝이 잇몸에 가볍게 닿았다가 갑자기 떨어져서 튕기는 음이라서 그렇답니다. 영어로는 [r]로 표기되는데, 그렇다고 영어의 [r]음처럼 혀를 굴리지는 않습니다.

영어의 [r]도 [l]도 아닌 음이라고 하는데, 우리말의 [라], [리], [루], [레], [로]에 가깝다고 생각하면 됩니다.

 그림과 함께 읽기

 ラーメン [라멩]
라면

우리나라에서 먹는 라면은 전부 인스턴트 라면이지만, 일본의 라면 즉, ラーメン[라멩]은 우동이나 국수처럼 직접 면을 뽑아서 육수 국물에 말아서 먹는 면 요리를 말해요. 참고로, 라면을 파는 가게 즉, '라면집'은 ラーメンや[라멩야]라고 합니다.

リ　リボン(ribbon) 〔리봉〕
리본

리본, 모르시는 분 없죠? 영어든 일본어든 우리말이든 모두 똑같이 '리본'으로 발음하네요. 참고로, '리본을 달다'는 '매다, 묶다, 달다'라는 뜻의 동사인 つける〔츠케루〕를 써서 リボンを つける〔리봉오 츠케루〕라고 하면 됩니다.

ル　ルーム(room) 〔루-무〕
룸, 방

'방'이라는 뜻의 room은 보통 호텔에 투숙할 때 많이 쓰는 단어입니다. 일본어로는 ルーム〔루-무〕라고 해요. 장음이 들어가므로 발음할 때 주의해야겠죠? 참고로, single room 즉, シングル ルーム〔싱구루 루-무〕란 '1인실'이란 뜻이겠죠?

レ　レポート(report) 〔레포-토〕
리포트, 보고서, 과제물, 졸업 논문

영어의 report는 일본어로 レポート〔레포-토〕라고 하는데요, 영어의 뜻과는 약간 다르게 쓰여요. 보통 포괄적인 의미의 '보고서'라는 개념으로부터 시작되어 대학 등에서의 '과제물'이나 '숙제' 또는 '졸업 논문'의 뜻으로도 쓰이고 있어요.

ロ　ロッカー(locker) 〔록카-〕
로커, 사물 보관함

이 '로커'는 동전을 넣고 사용하는 개인용 사물 보관함을 뜻하는 단어로서, 보관시간이 정해져 있으며 보통 지하철역이나 기차역 등에 많이 설치되어 있죠. 일본에서는 コイン ロッカー〔코인 록카-〕라는 단어가 많이 쓰이므로 잘 알아 두세요.

획순 따라서 쓰기

ラ	一	二	ラ			
リ	｜	リ				
ル	ノ	ル				
レ	｜	レ				
ロ	｜	ㄱ	ロ			

ラ	ー	メ	ン			
リ	ボ	ン				
ル	ー	ム				
レ	ポ	ー	ト			
ロ	ッ	カ	ー			

 **퀴즈퀴즈**

앞에서 배운 ラ행의 어휘를 복습해 볼까요?
다음 우리말에 해당하는 일본어를 골라 번호를 써 보세요.

1. 사물 보관함 .... [　　]
   (1) ロカ　　　(2) ロッカ　　　(3) ロッカー　　　(4) ロカー

2. 방, 룸 .... [　　]
   (1) ルム　　　(2) ルーム　　　(3) ルウム　　　(4) ルオム

3. 리본 .... [　　]
   (1) リーボン　　(2) リホン　　(3) リーホン　　(4) リボン

4. 라면 .... [　　]
   (1) ラメン　　(2) ラーメン　　(3) ラーミン　　(4) ラミン

5. 리포트, 보고서 .... [　　]
   (1) レポート　　(2) レポト　　(3) リポト　　(4) リポート

해답　　　　　　　　　　1. (3)　2. (2)　3. (4)　4. (2)　5. (1)

カタカナ 청음 행

[년   월   일]

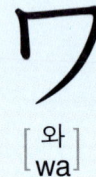
[와]
[wa]

[오]
[o]

ワ도 ヤ, ユ, ヨ와 마찬가지로 반(半)모음 또는 이중 모음이라고 하며, 우리말의 [와]와 비슷합니다. 하지만 우리말의 [와]처럼 입술을 내미는 [오]에서 입을 벌리는 [아]로 입 모양을 크게 변화시키지는 않고 입을 크게 움직이지 않으면서 부드럽게 발음하는 것이 자연스러운 ワ가 됩니다.

일본 사람들이 말할 때 입 모양을 유심히 관찰해 보세요.

그리고, ヲ는 조사로만 사용되는 글자로서 발음은 ア행의 オ와 똑같습니다.

[응]
[N]

이 ン은 단어의 처음에는 올 수 없고, ン 뒤에 오는 음에 영향을 받아서 각각 ㅁ, ㄴ, ㅇ으로 발음됩니다. ン 뒤에 어느 행의 음이 오는지에 따라 발음이 달라지므로 정확하게 구분하여 발음할 수 있도록 아래의 내용을 확실하게 외워 두세요.

   1. ン 뒤에 マ행, バ행, パ행 음이 오는 경우 .... ㅁ받침
   2. ン 뒤에 タ행, ダ행, ナ행, ラ행, サ행, ザ행 음이 오는 경우 .... ㄴ받침
   3. ン 뒤에 カ행, ガ행 음이 오는 경우 .... ㅇ받침

 그림과 함께 읽기

 ワールドカップ(worldcup) 〔와-루도캄푸〕
월드컵

2002년도에 우리나라에서 열렸던 월드컵 경기, 여전히 그 때의 감동은 지금 다시 생각해 봐도 짜릿하죠? 그 '월드컵' 이 worldcup, 즉 일본어로는 ワールドカップ〔와-루도캄푸〕라고 해요. 전세계의 축구 축제라고 할 수 있죠.

 ワールドヲ(world) 〔와-루도오〕
세계를

여기에 쓰인 ヲ는 목적을 나타내는 목적격 조사에요. 발음은 ア행의 オ와 똑같이 〔오〕라고 하면 됩니다. 뜻은 '~을, ~를' 이구요. 글자 모양이 히라가나의 を처럼 독특하고 재미나게 생겼죠? 참고로, 가타카나의 ヲ는 거의 쓰이지 않아요. 그래도 글자 모양은 알아 두세요.

 シンガー(singer) 〔싱가-〕
싱어, 가수

영어의 singer를 일본어로는 シンガー〔싱가-〕라고 합니다. 같은 뜻으로 かしゅ〔카슈〕라는 단어도 있으므로 함께 알아 두세요. 참, シ 뒤에 있는 ン의 발음은 앞에서 설명한 대로 뒤에 오는 ガ의 영향을 받아서 우리말의 'ㅇ받침'으로 발음해야 해요.

획순 따라서 쓰기

ワ	ヽ	┌	ワ			
ヲ	ー	フ	ヲ			

ン	ヽ	ン				

 **퀴즈퀴즈**

1. 앞에서 배운 ワ행의 어휘를 복습해 볼까요?

    (1) 우리말을 읽고, 빈칸에 들어갈 가타카나를 찾아 번호를 써 보세요.
       월드컵.......... ワ(　　)ルド(　　)ップ
       ① ア　　カ　　　② ア　　コ　　　③ ー　　カ　　　④ ー　　コ

    (2) 다음 일본어에 맞는 우리말을 찾아 번호를 써 보세요.
       ワールドヲ..........〔　　　〕
       ①세계가　　　②세계에　　　③세계와　　　④세계를

2. 앞에서 배운 ン의 여러 가지 발음에 대해 복습해 볼까요?
    보기 속에 나와 있는 ン이 들어 있는 단어들을 잘 읽고, 어떤 발음에 해당하는지를 찾아서 번호를 써 보세요.

보기	①コ<u>ン</u>セプト　②シ<u>ン</u>ガー　③ハ<u>ン</u>マー　④パ<u>ン</u>プキン ⑤イ<u>ン</u>ク　　⑥レ<u>ン</u>タル　　⑦キ<u>ン</u>グ　　⑧ナ<u>ン</u>バー

    (1) ㄴ 받침 .... (　①　)(　　　)

    (2) ㅇ 받침 .... (　②　)(　　　)(　　　)

    (3) ㅁ 받침 .... (　③　)(　　　)(　　　)

해답　　　1. (1) ③　(2) ④　2. (1) ⑥　(2) ⑤ ⑦　(3) ④ ⑧

カタカナ 탁음 ガ 행

[년 월 일]

듣기

ガ	ギ	グ	ゲ	ゴ
[가] ga	[기] gi	[구] gu	[게] ge	[고] go

탁음이란 성대의 진동을 수반하는 소리로서 カ행, サ행, タ행, ハ행에서만 나타나며, 청음 글자의 오른쪽 위에 부호(ヽヽ)를 찍어서 표기합니다. (ヽヽ)부호는 '탁음 부호' 또는 にごり〔니고리〕라고 부릅니다.

어휘와 함께 읽기

ガ　　ガイド(guide) 〔가이도〕
　　　가이드, 안내

여행 가이드나 관광 가이드란 단어, 많이 들어 보셨죠? 바로 영어의 guide에서 온 말이에요. 일본어로는 ガイド〔가이도〕라고 하지요. 참고로, '가이드하다'라는 동사는 '하다'라는 뜻의 동사인 する〔스루〕를 써서 ガイドする〔가이도스루〕라고 하면 됩니다.

ギ ギター(guitar) 〔기타-〕
기타

지금은 그 인기가 시들해졌지만, 예전엔 기타를 잘 치면 그 누구보다도 멋있게 보이는 시절이 있었죠. 악기의 일종인 '기타'는 영어로 guitar라고 하며, 일본어로는 ギター〔기타-〕라고 해요. 맨 뒤에 장음이 들어간다는 점에 유의하면서 정확하게 발음하세요.

グ グラス(glass) 〔구라스〕
글래스, 유리, 잔

이 glass란 단어는 '유리'라는 뜻도 있고 '컵, 잔'이란 뜻도 있어요. 일본어로는 グラス〔구라스〕라고 하죠. 이 단어 속에 유리라는 뜻과 컵이라는 뜻이 있어서인지 보통 글래스라고 하면 유리로 된 컵, 즉 '유리컵'을 가리키는 경우가 많습니다.

ゲ ゲーム(game) 〔게-무〕
게임

게임을 싫어하는 사람은 아마 없겠죠? 컴퓨터를 통해 하는 여러 가지 시뮬레이션 게임이든 수건 돌리기나 빙고와 같은 활동 게임 모두 다 재미있잖아요. 이 game을 일본어로는 ゲーム〔게-무〕라고 합니다.

ゴ ゴルフ(golf) 〔고루후〕
골프

아직도 부자들만이 즐기는 스포츠라는 인식이 강한 golf를 일본어로는 ゴルフ〔고루후〕라고 합니다. 참고로, golfer(골퍼)는 ゴルファー〔고루화-〕라고 하며, '골프장'은 ゴルフじょう〔고루후죠-〕라고 해요.

획순 따라서 쓰기

ガ	ー	カ	ガ			
ギ	ー	キ	ギ			
グ	ノ	ク	グ			
ゲ	ノ	ケ	ゲ			
ゴ	ー	コ	ゴ			

ガイド			
ギター			
グラス			
ゲーム			
ゴルフ			

カタカナ 탁음  행

[　　년　월　일]

 듣기

ザ	ジ	ズ	ゼ	ゾ
[자] za	[지] zi	[즈] zu	[제] ze	[조] zo

ザ행은 한국 사람들에게는 아주 약한 발음입니다.

특히 ジ에서 [z]는 [i] 앞에서 발음이 좀 달라집니다. 'ʒ' 발음이 아니라 'z' 발음입니다. 주의하세요!

 어휘와 함께 읽기

 ユーザー(user) [유-자-]
사용자, 이용자

영어의 user는 '사용자, 이용자' 라는 뜻인데, 일본어로는 ユーザー[유-자-]라고 해요. 두 군데에 장음이 들어간다는 점에 유의하면서 발음하세요. 참고로, user의 반대어는 maker 즉, メーカー[메-카-]랍니다.

ラウンジ(lounge) 〔라운지〕
라운지

호텔 같은 곳에서의 휴게실을 '라운지'라고 하죠? 사람을 기다리기도 하고, 주로 약속 장소로 많이 쓰이죠. 이 lounge를 일본어로는 ラウンジ〔라운지〕라고 합니다. 참고로, '라운지에서 기다리다'는 まつ〔마츠〕라는 동사를 써서 ラウンジで まつ〔라운지데 마츠〕라고 하면 됩니다.

サイズ(size) 〔사이즈〕
사이즈, 치수

'치수'라는 우리말보다 '사이즈'라는 영어를 더 많이 쓰진 않나요? 이 size를 일본어로도 똑같이 サイズ〔사이즈〕라고 합니다. 참고로, '사이즈가 (몸에) 맞다'는 あう〔아우〕라는 동사를 써서 サイズが あう〔사이즈가 아우〕라고 하며, '사이즈가 (몸에) 맞지 않는다'는 부정 표현은 サイズが あわない〔사이즈가 아와나이〕라고 합니다.

ゼロ(zero) 〔제로〕
제로, 영

이 단어는 정말 많이 쓰는 숫자죠? 일본에서도 '영'을 나타내는 れい〔레-〕라는 한자 표현이 있지만, 주로 이 ゼロ〔제로〕를 훨씬 더 보편적으로 많이 쓰고 있어요. 우리나라의 경우는 '공'이라고 발음하는 경우가 더 많은 것 같네요.

획순 따라서 쓰기

ザ	ー	サ	ザ			
ジ	ヽ	シ	ジ			
ズ	ー	ス	ズ			
ゼ	ー	ゼ				
ゾ	ゾ	ゾ				

ユーザー

ラウンジ

サイズ

ゼロ

カタカナ 탁음 ダ행

듣기

ダ	ヂ	ヅ	デ	ド
[다] da	[지] zi	[즈] zu	[데] de	[도] do

ダ, デ, ド는 [d] 발음이고, ヂ는 ジ, ヅ는 ズ와 똑같이 발음합니다.
우리말의 '바다'를 발음할 때의 [다]와 같은 음입니다.

어휘와 함께 읽기

ダ カナダ(Canada) [카나다]
캐나다

미국의 위쪽에 위치한 나라가 바로 캐나다죠? 자연환경이 아름다운 나라로 유명하잖아요. 이 Canada를 일본어로는 カナダ[카나다]라고 합니다. 그냥 영어 발음 그대로 ケナダ[케나다]라고 말하면 일본에서는 통하지 않습니다. 정확한 발음으로 알아 두세요.

 デート (date) 〔데-토〕
데이트, 만남

서로 좋아하는 남녀가 만남을 가지는 것을 '데이트한다'고들 하죠? 여기서의 date를 일본어로는 デート〔데-토〕라고 해요. '데이트하다'라는 동사 표현은 する〔스루〕를 써서 デートする〔데-토스루〕라고 하면 됩니다.

 ドイツ (Deutschland) 〔도이츠〕
독일

독일이라는 나라를 일본에서는 ドイツ〔도이츠〕라고 합니다. 정식 국명은 '독일연방공화국'이구요. 지금은 통일이 된 상태지만, 예전의 '동독'은 ひがしドイツ〔히가시 도이츠〕라고 했고, '서독'은 にしドイツ〔니시 도이츠〕라고 불렀습니다.

획순 따라서 쓰기

ダ	ノ	タ	ダ			
ヂ	ノ	チ	ヂ			
ヅ	ヽ	ツ	ヅ			
デ	ー	テ	デ			
ド	｜	ト	ド			

カナダ		
デート		
ドイツ		

カタカナ 탁음

행

[　　년　　월　　일]

 듣기

バ	ビ	ブ	ベ	ボ
[바] ba	[비] bi	[부] bu	[베] be	[보] bo

バ행의 자음은 영어의 [b] 발음과 비슷하며, 우리말의 '부부'의 [ㅂ]음과도 같습니다.
[b] 발음을 정확히 내어야 합니다.

 어휘와 함께 읽기

バ　　バナナ(banana) [바나나]
　　　바나나

원숭이가 제일 좋아하는 과일인 바나나는 영어의 banana 그대로 일본어로도 バナナ[바나나]라고 해요. 특별히 주의할 점도 없죠? 참고로, 원숭이는 일본어로 さる[사루]라고 합니다.

ビ ビール(beer) 〔비-루〕
맥주

맥주는 영어로 beer라고 하는데, 일본어로는 ビール〔비-루〕라고 해요. 발음이 전혀 다르므로 주의하세요. 그리고, 장음이 들어가므로 정확하게 발음하도록 연습하세요. 장음이 없는 ビル〔비루〕는 '빌딩' 이란 뜻이거든요.

ブ ブーツ(boots) 〔부-츠〕
부츠

겨울에 여성들이 신고 다니는 무릎까지 오는 신발을 부츠라고 하죠? 영어로도 boots, 일본어로도 ブーツ〔부-츠〕라고 합니다. 장음이 들어가므로 주의해야겠죠? 참고로, '부츠를 신다' 는 はく〔하쿠〕라는 동사를 써서 ブーツを はく〔부-츠오 하쿠〕라고 합니다.

ベ ベル(bell) 〔베루〕
벨, 종

영어의 bell을 일본어로는 ベル〔베루〕라고 해요. 발음하기 쉽죠? 참고로, '벨이 울리다' 라는 자동사는 なる〔나루〕라는 동사를 써서 ベルが なる〔베루가 나루〕라고 하며, '벨을 울리다' 라는 타동사는 ならす〔나라스〕라는 동사를 써서 ベルを ならす〔베루오 나라스〕라고 합니다.

ボ ボーリング(bowling) 〔보-링구〕
볼링

친구들과 볼링장에 가서 볼링 친 적 있으시죠? 정말 건전하고 흥미진진한 스포츠인 것 같아요. 점수 내기 볼링도 재미있구요. 이 영어의 bowling을 일본어로는 ボーリング〔보-링구〕라고 합니다.

획순 따라서 쓰기

バ	ノ	ハ	バ			
ビ	ー	ヒ	ビ			
ブ	ー	フ	ブ			
ベ	ヽ	ヘ	ベ			
ボ	ナ	ホ	ボ			

バナナ

ビール

ブーツ

ベル

ボーリング

カタカナ 반탁음

パ 행

[　　년　월　일]

듣기

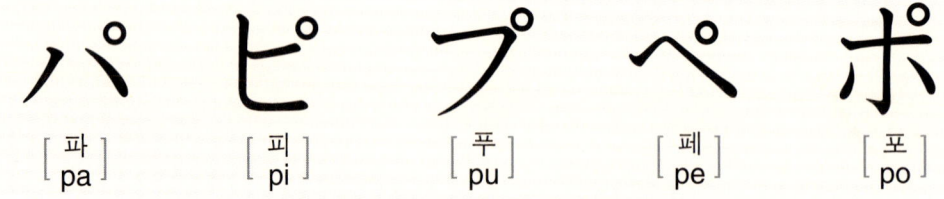

パ	ピ	プ	ペ	ポ
[파] pa	[피] pi	[푸] pu	[페] pe	[포] po

ハ행의 오른쪽 상단에 반탁음 부호 〔°〕를 붙여서 〔파〕, 〔피〕, 〔푸〕, 〔페〕, 〔포〕로 발음합니다.

반탁음은 성대의 진동을 수반하지 않는 음으로, ハ행에만 있습니다.

주로 외래어나 의성어, 의태어에 사용됩니다.

우리나라의 〔ㅃ〕과 비슷한데 단어의 맨 앞에 오면 〔ㅍ〕으로 발음됩니다.

어휘와 함께 읽기

パ　パワー(power) 〔파와-〕
파워, 힘

영어의 power는 일본어로 パワー〔파와-〕라고 해요. 맨 뒤에 장음이 들어가므로 발음할 때 주의해야겠죠? 참고로, 같은 뜻으로 ちから〔치카라〕라는 단어도 있으므로 함께 알아두면 좋을 것 같군요.

ピアノ(piano) 〔피아노〕
피아노

영어의 piano는 우리말로도 '피아노' 이고, 일본어로도 ピアノ〔피아노〕라고 합니다. 너무 쉽죠? 참고로, '피아노를 치다' 는 ひく〔히쿠〕라는 동사를 써서 ピアノを ひく〔피아노 오 히쿠〕라고 합니다.

プロ(pro) 〔푸로〕
프로, 전문가

어느 분야에서든 프로, 즉 전문가는 꼭 있기 마련이죠? 이 pro를 일본어로는 プロ〔푸로〕라고 합니다. 참고로, '프로야구' 는 プロやきゅう〔푸로야큐-〕라고 해요.

ページ(page) 〔페-지〕
페이지, 쪽수

책 등의 한 장 한 장의 '쪽수' 를 영어로 page라고 하죠? 일본어로는 ページ〔페-지〕라고 합니다. ペイジ〔페이지〕라고 발음하지 않도록 주의하세요. 가운데에 장음이 들어가므로 길게 빼서 발음하세요.

ポテト(potato) 〔포테토〕
감자

영어의 potato를 일본어로는 짧게 ポテト〔포테토〕라고 합니다. ポテイト〔포테이토〕라고 영어식으로 발음하지 않도록 주의하세요. 참고로, 패스트푸드점의 '감자튀김' 은 フライポテト〔후라이포테토〕라고 합니다.

획순 따라서 쓰기

パ	ノ	ハ	パ			
ピ	ー	ヒ	ピ			
プ	ー	フ	プ			
ペ	丶	ヘ	ペ			
ポ	十	ホ	ポ			

パワー

ピアノ

プロ

ページ

ポテト

カタカナ 요음 **カ・ガ** 행

[년   월   일]

듣기

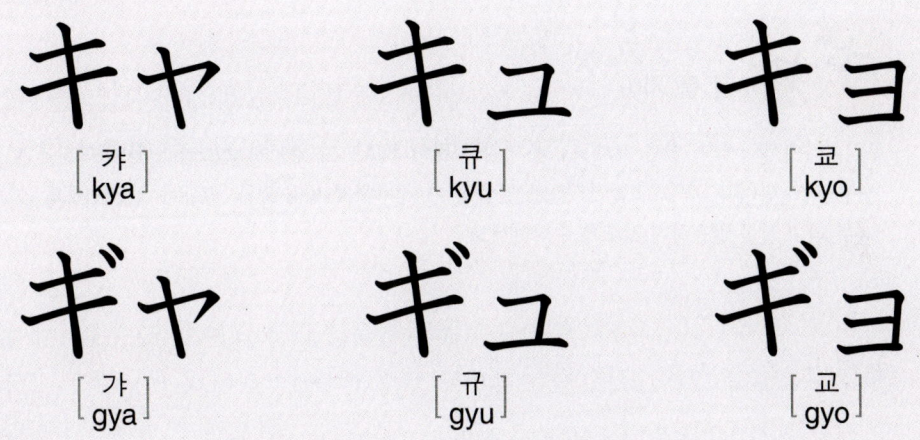

50음도 각 자음의 イ단, 즉 キ, シ, チ, ニ, ヒ, ミ, リ, ギ, ジ, ビ에 반모음인 ヤ, ユ, ヨ를 작게 써서 표기하고, 한 음절로 발음되는 복합음입니다.

キャ, キュ, キョ의 발음은 우리말의 [캬], [큐], [쿄]와 [꺄], [뀨], [꾜]의 중간음으로 발음하며, ギャ, ギュ, ギョ는 목의 성대를 울리면서 [갸], [규], [교]라고 발음하면 됩니다.

어휘와 함께 읽기

キャ　キャンセル(cancel) [칸세루]
캔슬, 취소

'취소' 라는 우리말과 거의 대등하게 많이 쓰이는 단어가 바로 영어의 cancel 즉, '캔슬' 이죠? 일본어로는 キャンセル[칸세루]라고 합니다. 그리고, '취소하다' 라는 동사는 キャンセルする[칸세루스루]라고 하면 됩니다.

キュ キュート(cute) 〔큐-토〕
귀엽다

귀여운 애완동물이나 어린아이에게 쓰게 되는 단어가 바로 영어의 cute 즉, '큐트' 죠? 일본어로는 キュート〔큐-토〕라고 해요. 장음이 들어가므로 발음할 때 주의하세요. 그리고, 같은 뜻을 가진 단어로 かわいい〔카와이-〕도 있으므로 함께 알아 두세요.

ギャ ギャップ(gap) 〔걈푸〕
갭, 틈, 차이

우리나라에서도 영어 발음 그대로 '갭'이라고 많이 쓰죠? 이 영어의 gap을 일본어로는 ギャップ〔걈푸〕라고 합니다. 촉음이 들어가므로 발음할 때 정확하게 발음할 수 있도록 연습하세요. ゲップ〔겝푸〕라고 잘못 발음하지 않도록 주의하세요.

획순 따라서 쓰기

キャ	キャ
キュ	キュ
キョ	キョ
ギャ	ギャ
ギュ	ギュ
ギョ	ギョ

キャンセル

キュート

ギャップ

カタカナ 요음 サ·ザ 행

[년 월 일]

듣기

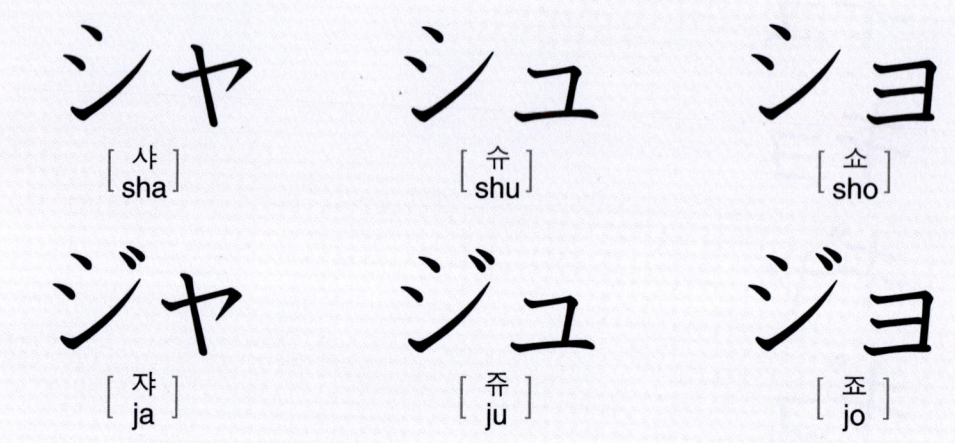

シャ、シュ、ショ의 발음은 우리말의 [샤]、[슈]、[쇼]와 거의 같고,
ジャ、ジュ、ジョ는 목의 성대를 울리면서 [쟈]、[쥬]、[죠]라고 발음하면 됩니다.

어휘와 함께 읽기

シャ　シャツ(shirts) [샤츠]
셔츠

영어의 shirts를 일본어로는 シャツ[샤츠]라고 합니다. 보통 그냥 '셔츠'라고만 하지 않고 앞에 뭔가 붙여서 말하죠? 예를 들면, '티셔츠'는 ティーシャツ[티-샤츠]라고 하며, '와이셔츠'는 ワイシャツ[와이샤츠]라고 합니다.

ショ ショック(shock) 〔숏쿠〕
쇼크, 충격

'충격을 받다'라는 말보다 '쇼크를 받다'라는 말이 더 강도가 센 것 같지 않나요? 그건 그만큼 shock 즉, '쇼크'라는 단어가 친숙해서 그런 것 같아요. 이 단어를 일본어로는 ショック〔숏쿠〕라고 해요. 촉음이 들어가므로 발음할 때 주의하세요.

ジャ ジャズ(jazz) 〔쟈즈〕
재즈

음악 장르 중의 하나인 '재즈'는 영어로 jazz라고 하며, 일본어로는 ジャズ〔쟈즈〕라고 해요. 영어식 발음 그대로 ゼズ〔제즈〕라고 발음하지 않도록 정확한 발음으로 충분히 연습하세요.

ジュ ジュース(juice) 〔쥬-스〕
주스

어린이든 어른이든 누구나 좋아하는 음료수가 바로 '주스'인 것 같아요. 이 juice를 일본어로는 ジュース〔쥬-스〕라고 해요. 가운데에 장음이 들어가므로 발음할 때 주의하세요. 그냥 ジュス〔쥬스〕라고 하면 곤란하겠죠?

シャ	シャ		
シュ	シュ		
ショ	ショ		
ジャ	ジャ		
ジュ	ジュ		
ジョ	ジョ		

シャツ

ショック

ジャズ

ジュース

カタカナ 요음 タ・ナ 행

[년   월   일]

 듣기

チャ	チュ	チョ
[챠] cha	[츄] chu	[쵸] cho

ニャ	ニュ	ニョ
[냐] nya	[뉴] nyu	[뇨] nyo

チャ, チュ, チョ의 발음은 표기하기 힘들지만 우리말의 〔챠〕, 〔츄〕, 〔쵸〕에 가까우며, ニャ, ニュ, ニョ 는 우리말의 〔냐〕, 〔뉴〕, 〔뇨〕와 같으므로 그대로 발음하면 됩니다.

 어휘와 함께 읽기

チャ チャンス(chance) 〔챤스〕
찬스, 기회

'기회'라는 우리말보다 영어인 chance를 우리말처럼 많이 쓰죠? 일본어로는 チャンス〔챤스〕라고 해요. 참고로, 같은 뜻을 가진 きかい〔키카이〕라는 단어도 있으므로 함께 알아 두세요.

チュ チューブ(tube) 〔츄-부〕
튜브

수영장에서 아이들이 허리 부분에 걸치고 수영하는 놀이기구의 하나가 바로 '튜브' 즉, tube랍니다. 예전에는 '주부'라고 부르기도 했었죠. 이 발음이 바로 일본어였어요. tube를 일본어로는 チューブ〔츄-부〕라고 하거든요. 이제는 정확한 일본어 발음으로 알아 두세요.

チョ チョコレート(chocolate) 〔쵸코레-토〕
초콜릿

남녀노소 누구나 좋아하는 것이 바로 초콜릿이죠? 이 chocolate을 일본어로는 チョコレート〔쵸코레-토〕라고 합니다. 장음도 들어가고 발음도 영어 발음과 약간 다르므로 정확하게 발음할 수 있도록 연습하세요. 또한, 짧게 줄여서 チョコ〔쵸코〕라고도 많이 합니다.

ニュ メニュー(menu) 〔메뉴-〕
메뉴

식당이나 레스토랑 등에 가서 자리에 앉게 되면 점원으로부터 바로 건네받는 것이 바로 메뉴겠죠? 영어의 menu를 일본어로는 メニュー〔메뉴-〕라고 합니다. 맨 뒤에 장음이 들어가므로 발음할 때 주의하세요.

획순 따라서 쓰기

チャ	チャ
チュ	チュ
チョ	チョ
ニャ	ニャ
ニュ	ニュ
ニョ	ニョ

チャンス
チューブ
チョコレート
メニュー

カタカナ 요음 タ・ナ

カタカナ 요음

행

[　　년　월　일]

듣기

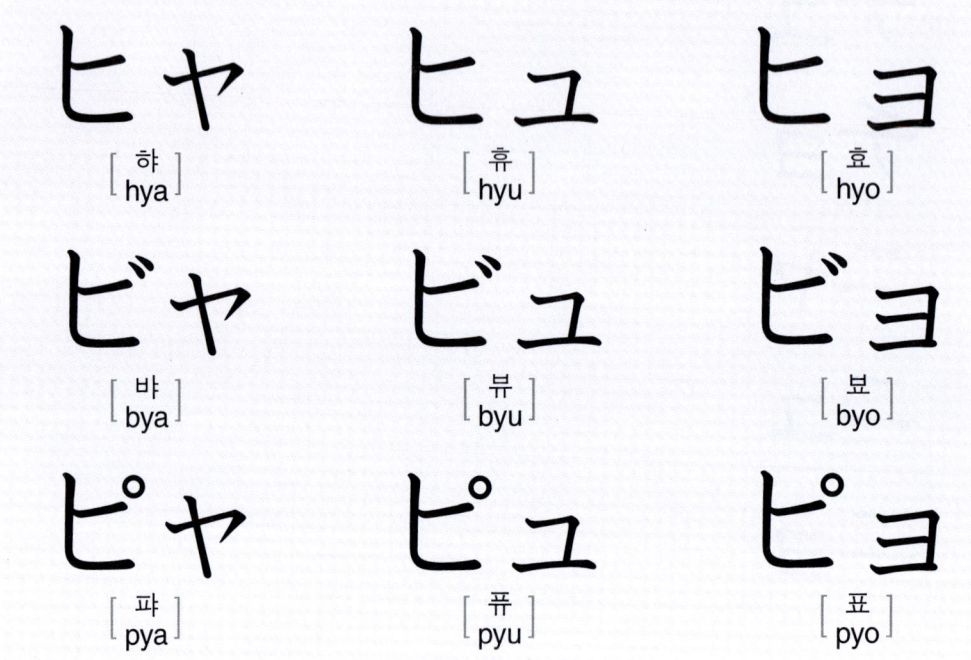

ヒャ, ヒュ, ヒョ의 발음은 우리말의 [햐], [휴], [효]와 거의 흡사하며, ビャ, ビュ, ビョ는 목의 성대를 울리면서 [뱌], [뷰], [뵤]라고 보면 됩니다. ピャ, ピュ, ピョ는 표기하기 어려우나, 목의 성대를 울리면서 [퍄], [퓨], [표]로 발음하면 됩니다.

 **어휘와 함께 읽기**

ヒュ ヒューズ(fuse) 〔휴-즈〕
휴즈, 차단기

휴즈란 것은, 전기회로의 개폐기 속에 있는 부드러운 금속선으로서, 과대한 양의 전류가 흐르게 되면 이를 차단하여 전기의 흐름을 막는 역할을 합니다. 이 '휴즈'를 일본어로는 ヒューズ〔휴-즈〕라고 해요. 가운데에 장음이 들어가므로 발음할 때 주의하세요.

ビュ インタビュー(interview) 〔인타뷰-〕
인터뷰

interview란 단어, 모르시는 분 없죠? 일본어로는 インタビュー〔인타뷰-〕라고 해요. 맨 뒤에 장음이 들어간다는 점에 유의하면서 발음하세요. 틀리기 쉬운 부분이니까요. 참고로, '인터뷰를 하다'는 する〔스루〕라는 동사를 써서 インタビューを する〔인타뷰-오 스루〕라고 하면 됩니다.

ピュ ピュア(pure) 〔퓨아〕
순수한, 깨끗한, 맑은

이 단어는 듣는 느낌으로도 어딘가 깨끗하고 맑은 느낌이 와 닿는 것 같아요. 일본어로는 형용사의 형태인 ピュアだ〔퓨아다〕로 쓰이고 있어요. 즉, 뒤에 명사가 오게 되면 어미 だ를 な로 바꿔서 명사와 연결하죠. 예를 들면, '깨끗한 이미지'는 ピュアな イメージ〔퓨아나 이메-지〕라고 합니다.

ピョ ピョンピョン 〔퐁퐁〕
통통, 깡충깡충

윗쪽으로 튀어오르는 모양을 나타내는 의태어랍니다. 보통 이 의태어 뒤에 '튀다, 튀어오르다'란 뜻의 동사인 はねる〔하네루〕가 함께 쓰여요. 다음 예문을 통해 공부해 볼까요?
　　ボールが ピョンピョン はねる〔보-루가 퐁퐁 하네루〕 (공이 통통 튀다)

획순 따라서 쓰기

ヒャ	ヒャ			
ヒュ	ヒュ			
ヒョ	ヒョ			
ビャ	ビャ			
ビュ	ビュ			
ビョ	ビョ			
ピャ	ピャ			
ピュ	ピュ			
ピョ	ピョ			

カタカナ 요음

マ・ラ 행

[　　년　월　일]

 듣기

ミャ, ミュ, ミョ는 우리말의 〔먀〕, 〔뮤〕, 〔묘〕와 거의 흡사하므로 그대로 발음하면 됩니다.

リャ, リュ, リョ의 발음은 우리말의 〔랴〕, 〔류〕, 〔료〕와 거의 같으므로 그대로 발음하면 됩니다.

어휘와 함께 읽기

ミュ　ミュージック(music) 〔뮤-직쿠〕
뮤직, 음악

'음악'이란 뜻의 music, 일본어로는 ミュージック〔뮤-직쿠〕라고 합니다. 장음도 들어가고 촉음도 들어가므로 발음할 때 꼭 주의하세요. 또한, 같은 뜻을 가진 **おんがく**〔옹가쿠〕라는 단어도 있으므로 함께 알아 두세요.

リュ リューマチ(rheumatism) [류-마치]
류마티즘, 관절염

나이 드신 할아버지나 할머니들이 많이 앓고 있는 고질병의 하나가 바로 관절염이죠. 관절염이란, 관절이나 근육이 심하게 아픈 알레르기성 질환이라고 해요. 한 번 걸리면 잘 낫지 않기 때문에 '지긋지긋한 관절염'이란 말도 있구요. 이 '관절염'을 일본어로는 リューマチ[류-마치]라고 합니다.

획순 따라서 쓰기

ミヤ	ミヤ		
ミユ	ミユ		
ミヨ	ミヨ		
リヤ	リヤ		
リユ	リユ		
リヨ	リヨ		

	あ단	い단	う단	え단	お단
あ행	あ a	い i	う u	え e	お o
か행	か ka	き ki	く ku	け ke	こ ko
さ행	さ sa	し shi	す su	せ se	そ so
た행	た ta	ち chi	つ tsu	て te	と to
な행	な na	に ni	ぬ nu	ね ne	の no
は행	は ha	ひ hi	ふ fu	へ he	ほ ho
ま행	ま ma	み mi	む mu	め me	も mo
や행	や ya		ゆ yu		よ yo
ら행	ら ra	り ri	る ru	れ re	ろ ro
わ행	わ wa				を o
	ん N				

	ア단	イ단	ウ단	エ단	オ단
ア행	ア a	イ i	ウ u	エ e	オ o
カ행	カ ka	キ ki	ク ku	ケ ke	コ ko
サ행	サ sa	シ shi	ス su	セ se	ソ so
タ행	タ ta	チ chi	ツ tsu	テ te	ト to
ナ행	ナ na	ニ ni	ヌ nu	ネ ne	ノ no
ハ행	ハ ha	ヒ hi	フ fu	ヘ he	ホ ho
マ행	マ ma	ミ mi	ム mu	メ me	モ mo
ヤ행	ヤ ya		ユ yu		ヨ yo
ラ행	ラ ra	リ ri	ル ru	レ re	ロ ro
ワ행	ワ wa				ヲ o
	ン N				

넥서스 JAPANESE